教科書要点ズバっ

新しい社会 歴史

東京書籍

この本の構成と特色

この本は，東京書籍版教科書「新しい社会　歴史」の内容を定期テスト直前に，すばやく効果的に暗記・学習するためのものです。

各節ごとに，要点を要領よくまとめてあります。

超重要　要点の中の要点を示してあります。ぜひともテストの直前に確認しておきましょう。

でる!　各節でテストに出そうなところをピックアップしています。テスト前の学習時に役立てましょう。

関連用語　テストによく出る関連用語の簡単な説明です。

要点チェック　テストによく出る内容がつまっています。時間がないときは，ここだけでもチェックしておきましょう。

得点アップ 定期テスト対策問題　定期テストを想定した予想問題です。力試しにチャレンジして，自分の実力を見るのに効果的です。

暗記フィルターの使い方

暗記してほしい重要な語句や「要点チェック」「定期テスト対策問題」の解答などは，シートを上にのせると見えなくなるようになっています。手軽に使えるので効果的に活用しましょう。

目　次

目　次

※◇は特設ページ 資料から発見！ もっと歴史 地域の歴史を調べよう を指します。

1　歴史をとらえる見方・考え方

教科書　p.8〜p.13

【要点整理】　小学校で学んだことを年表にまとめてみましょう。

	時代	世紀	年	出来事	人物
原始	縄文		1万2000年前	縄文土器《じょうもんどき》を作り始める(貝塚《かいづか》,　土偶《どぐう》)	
	弥生		前4世紀	稲作《いなさく》が九州《きゅうしゅう》北部に伝来(弥生《やよい》土器,　金属器《きんぞくき》)	
		1	57	倭《わ》の奴国《なこく》の王が後漢《ごかん》に使いを送る	
		3	239	邪馬台国《やまたいこく》の卑弥呼《ひみこ》が魏《ぎ》に使いを送る	卑弥呼
	古墳	4		前方後円墳《ぜんぽうこうえんふん》が造られる	
				大和政権《やまとせいけん》の統一が進む	
	飛鳥	6	593	聖徳太子《しょうとくたいし》が政務に参加する	聖徳太子
		7	604	十七条《じゅうしちじょう》の憲法《けんぽう》制定	
			607	小野妹子《おののいもこ》らを隋《ずい》に送る	小野妹子
			630	第1回遣唐使《けんとうし》を送る	
			645	大化《たいか》の改新《かいしん》	中大兄皇子《なかのおおえのおうじ》
		8	701	大宝律令《たいほうりつりょう》	中臣鎌足《なかとみのかまたり》
古代	奈良		710	都を平城京《へいじょうきょう》に移す	聖武天皇《しょうむてんのう》
			752	東大寺《とうだいじ》の大仏《だいぶつ》が完成する	行基《ぎょうき》
	平安		794	都を平安京《へいあんきょう》に移す	鑑真《がんじん》
		9	866	藤原《ふじわら》氏が初めて摂政となる	
			894	遣唐使派遣の延期が提案される	清少納言《せいしょうなごん》
				「枕草子《まくらのそうし》」,「源氏物語《げんじものがたり》」ができる	紫 式部《むらさきしきぶ》
		11	1016	藤原道長《ふじわらのみちなが》が摂政になる	藤原道長
	鎌倉	12	1185	源氏《げんじ》が平氏《へいし》をほろぼす	平 清盛《たいらのきよもり》
			1192	源 頼朝《みなもとのよりとも》が征夷大将軍《せいいたいしょうぐん》となる	源義経《よしつね》
		13	1274・81	モンゴル襲来《しゅうらい》(文永《ぶんえい》の役《えき》・弘安《こうあん》の役)	源頼朝
		14	1333	鎌倉幕府《かまくらばくふ》がほろびる	北条時宗《ほうじょうときむね》
中世	室町		1338	足利尊氏《あしかがたかうじ》が征夷大将軍となる	足利義満《よしみつ》
		15	1467	応仁《おうにん》の乱《らん》	足利義政《よしまさ》
		16	1543	鉄砲《てっぽう》が伝わる	雪舟《せっしゅう》
			1549	キリスト教が伝わる	ザビエル
			1573	室町《むろまち》幕府がほろびる	織田信長《おだのぶなが》

	安土桃山		1590	豊臣秀吉《とよとみひでよし》が全国を統一する	豊臣秀吉
			1600	関《せき》ヶ《が》原《はら》の戦い	徳川家康《とくがわいえやす》
	江戸	17	1603	徳川家康が征夷大将軍になる	
			1641	鎖国《さこく》の体制が固まる	徳川家光《いえみつ》
近世				元禄《げんろく》文化	近松門左衛門《ちかまつもんざえもん》
		18	1716	享保《きょうほう》の改革《かいかく》	歌川広重《うたがわひろしげ》
			1787	寛政《かんせい》の改革	本居宣長《もとおりのりなが》
				化政《かせい》文化	杉田玄白《すぎたげんぱく》
		19	1841	天保《てんぽう》の改革	伊能忠敬《いのうただたか》
			1853	ペリーが浦賀《うらが》に来る	ペリー
			1858	各国と通商条約《つうしょうじょうやく》を結ぶ	勝海舟《かつかいしゅう》
	明治		1868	明治維新《めいじいしん》，五箇条《ごかじょう》の御誓文《ごせいもん》	西郷隆盛《さいごうたかもり》
			1871	廃藩置県《はいはんちけん》	大久保利通《おおくぼとしみち》
			1873	徴兵令《ちょうへいれい》，地租改正《ちそかいせい》	木戸孝允《きどたかよし》
			1877	西南戦争《せいなんせんそう》	明治天皇《めいじてんのう》
			1889	大日本帝国憲法《だいにっぽんていこくけんぽう》発布	福沢諭吉《ふくざわゆきち》
			1890	第１回帝国議会《ていこくぎかい》	大隈重信《おおくましげのぶ》
			1894	日清《にっしん》戦争	板垣退助《いたがきたいすけ》
		20	1904	日露《にちろ》戦争	伊藤博文《いとうひろぶみ》
近代			1910	韓国併合《かんこくへいごう》	陸奥宗光《むつむねみつ》
			1911	関税自主権《かんぜいじしゅけん》回復（条約改正を完全に達成）	東郷平八郎《とうごうへいはちろう》
	大正		1914	第一次世界大戦《だいいちじせかいたいせん》	小村寿太郎《こむらじゅたろう》
			1925	普通選挙法《ふつうせんきょほう》公布	野口英世《のぐちひでよ》
	昭和		1931	満州事変《まんしゅうじへん》	
			1937	日中《にっちゅう》戦争	
			1939	第二次《だいにじ》世界大戦	
			1941	太平洋《たいへいよう》戦争	
			1945	広島《ひろしま》，長崎《ながさき》に原子爆弾《げんしばくだん》投下	
			1945	日本が無条件降伏《こうふく》	
			1946	日本国憲法《にっぽんこくけんぽう》公布	
現代			1951	サンフランシスコ平和条約，日米安保《にちべいあんぽ》条約	
			1956	国際連合《こくさいれんごう》加盟	
			1972	沖縄《おきなわ》が日本復帰	
			1978	日中《にっちゅう》平和友好条約	

＊注：人物の位置が全て「出来事」に対応しているのではありません。

教科書　p.14〜p.17

2 身近な地域の歴史

要点整理

1 テーマを決めて調査・考察をしよう

・調査の流れ：テーマの設定→調査→調査内容の考察→調査内容をまとめ・発表→ふり返る

①テーマの設定

・興味のあるもの，疑問に思ったことに着目してテーマを設定

・決めたテーマを先生に相談→アドバイスを受ける

②調査

・調査計画を立てる：インターネット利用や博物館などの見学，聞き取り調査など，適切な調査方法をさぐる→さまざまな資料を基《もと》に調べる

・記録：調べたことは記録し資料とともに整理

主な調査方法

- 図書室・図書館を利用→歴史書・伝記・人名辞典など
- インターネットを利用
- 博物館・美術館を利用→展示の見学，学芸員に聞く
- 郷土資料館など地域の施設《しせつ》の利用
- 遺跡《いせき》や遺物《いぶつ》を見学
- 聞き取り調査→地域の人，施設の人など

③考察

・「相互《そうご》の関連」の見方・考え方を活用：時代との関わり，なぜ作られたのか(残っているのか)など歴史的背景について考える

・「推移」や「比較《ひかく》」の見方・考え方を活用：どのように変わってきたのか，どこがちがうのか(同じか)など

・調査内容や聞き取り内容に食いちがいがあったり分からなかったりした→さまざまな資料に基《もと》づいて判断する

2 まとめと発表をしよう

①まとめ

・図やイラストで分かりやすく表現する

・まとめ方法：いろいろなまとめ方から適切な方法を選択《せんたく》

・分かったことや分からなかったこと，感想や今後の課題もまとめる

主なまとめの方法

- 年表や人物カードにまとめる
- レポートや歴史新聞にまとめる
- 漫画《まんが》やイラストでまとめる
- イラストマップにまとめる
- インターネットを使って発信する

★レポートにまとめよう

・レポートの構成：①テーマ設定の理由→②調査方法と内容→③調査結果の考察→④感想・反省

・まとめ方のポイント：分かりやすく伝える工夫《くふう》(レイアウト，写真やイラスト，地図や年表，グラフなどの活用)，分かったことや分からなかったこと，感想や課題など

★歴史新聞にまとめよう

・歴史新聞の作り方：トップ記事の決定→タイトル→写真やイラスト，地図や年表を入れる→コラムを入れる

・まとめ方のポイント：レイアウトを考える→資料は必要に応じて説明を→新聞のタイトル決定→編集後記(調査の感想)

②発表／③ふり返り

・発表の流れ：初めのことば→テーマ設定の理由→調査内容の説明→感想と反省→質疑応答

・聞く人の興味をひく工夫《くふう》：クイズ形式の問題を出す，画用紙や模造紙で示す，実物を見せる，寸劇や実演をする

・分かりやすい発表：大きな声，顔を見て話す，自分の言葉で表現する

・テーマに沿ったものかふり返る，質問や意見から次の学習での改善点を考える，発表の仕方を見直して，次の学習に生かす

1 世界の古代文明と宗教のおこり

教科書　p.20〜p.29

要点整理

1 人類の出現と進化

①人類の出現

・猿人《えんじん》：約700万年〜600万年前にアフリカに出現→後ろあし(足)で立って歩く

②旧石器時代《きゅうせっきじだい》／③新石器時代《しんせっきじだい》

・原人《げんじん》：200万年ほど前に出現→石を打ち欠いた打製石器《だせいせっき》，火や言葉を使用

・新人《しんじん》(ホモ・サピエンス)：20万年ほど前に出現→現在の人類の直接の祖先

・旧石器時代：狩《か》りや採集を行って移動をし，打製石器を使っていた時代

・約１万年前，土器《どき》の発明…食物を煮《に》る／磨製《ませい》石器…表面をみがいた石器

・新石器時代：土器や磨製石器を使い，農耕や牧畜《ぼくちく》を始めた時代

2 古代文明のおこりと発展

①文明のおこり

・農耕や牧畜《ぼくちく》の発達→食料をめぐる争い→強い集団が弱い集団を従える→国へ

・王や貴族，商人，職人の出現→青銅器《せいどうき》・鉄器《てっき》，貨幣《かへい》，文字や法律の発明

②エジプト文明《ぶんめい》／③メソポタミア文明／④インダス文明

・エジプト文明《ぶんめい》：紀元前3000年，ピラミッド，太陽暦《たいようれき》を作る，象形文字《しょうけいもじ》の発明

・メソポタミア文明：紀元前3000年，くさび形文字，太陰暦《たいいんれき》，１週間を７日

・インダス文明：紀元前2500年，道路や水路を持つ都市，アーリヤ人が進出

3 中国《ちゅうごく》文明の発展

①中国文明の発生

・１万年ほど前，農耕文明が誕生

・殷《いん》：紀元前16世紀，黄河《こうが》《ホワンホー》流域→青銅器や漢字の基《もと》の甲骨《こうこつ》文字を使用

・新思想の誕生…紀元前６世紀，孔子《こうし》が仁《じん》と礼などを説いた儒学《じゅがく》(儒教《じゅきょう》)

超重要　旧石器時代は打製石器，新石器時代は磨製石器を使用

でる! ❶人類の進化していった名称《めいしょう》を覚えておこう。❷四つの古代文明の様子をつかまえよう。❸ギリシャ・ローマの文明をおさえておこう。❹三大宗教の開祖は重要だよ。

②秦《しん》の中国統一／③漢《かん》の成立

・秦：紀元前３世紀に中国を統一，秦の王が初めて「皇帝《こうてい》」と名乗る（始皇帝《しこうてい》）

・漢：紀元前２世紀に大帝国，シルクロード（絹《きぬ》の道《みち》）→西方の世界と交流

・中国からは絹織物，西方やインドからは良馬やぶどう，仏教が伝わる

4 ギリシャ・ローマの文明

①ギリシャの都市国家／②ヘレニズム／③ローマ帝国

・紀元前８世紀，地中海各地に都市国家（ポリス）→アテネやスパルタなどで民主政，紀元前５世紀にペルシャを撃退《げきたい》→ギリシャ文明が全盛期《ぜんせいき》

・ヘレニズム：ギリシャ文化とオリエント文化の融合《ゆうごう》した文化→アレクサンドロス大王の東への遠征《えんせい》がきっかけ

・ローマ帝国…世界最大級の都市ローマを首都とした

　・高度な文明…道路網《もう》の整備，水道や浴場，闘技場《とうぎじょう》などの施設《しせつ》を造る

5 宗教のおこりと三大宗教

①宗教のおこり／②仏教《ぶっきょう》のおこり／③キリスト教のおこり／④イスラム教のおこり

・神の教えを説く者の出現→儀式《ぎしき》や聖典を整え，宗教が成立

・仏教：紀元前５世紀，シャカ（釈迦《しゃか》）が開く

・キリスト教：紀元前後，イエスが開く→「聖書（新約聖書）」

・イスラム教：７世紀，ムハンマドが開く→「コーラン」，唯一《ゆいいつ》神のアラー

関連用語

甲骨文字　殷では，亀《かめ》の甲《こう》や牛の骨《ほね》をあぶってできたひび割れで，まつりごとをうらなった。甲骨文字は，うらないの結果を甲や骨に刻んだもので，漢字の基となった。

都市国家（ポリス）　都市が一つの国家を形成していることをいう。古代ギリシャのアテネやスパルタなどがこれにあたる。

ローマ帝国　紀元前30年には地中海《ちちゅうかい》を囲む地域を統一し共和政から帝政《ていせい》になった。４世紀に東西に分裂《ぶんれつ》した。

要点チェック

□約700万年から600万年前にアフリカに出現した最古の人類は何か。	猿人《えんじん》
□石を打ち欠いて，するどい刃《は》を持つ石器《せっき》が作られた。その石器を何というか。	打製石器《だせいせっき》
□200万年ほど前に出現し，火や言葉を使用するようになった人類を何というか。	原人《げんじん》
□20万年ほど前にアフリカで出現した，現在の人類の直接の祖先とされ，ホモ・サピエンスとも呼ばれる人類を何というか。	新人《しんじん》
□狩《か》りや採集をして移動しながら，打製石器を使っていた時代を何というか。	旧石器時代《きゅうせっきじだい》
□食物を煮《に》ることができるようになった発明品は何か。	土器
□木を切ったり，加工したりしやすいように，表面をみがいた石器は何か。	磨製《ませい》石器
□土器や石器を使い，農耕や牧畜《ぼくちく》を始めた時代を何というか。	新石器時代《しんせっきじだい》
□自由や権利を認められず，他人の支配下に置かれ，いろいろな労働を強《し》いられた人々を何というか。	奴隷《どれい》
□人々が食料を計画的に生産して貯蔵するようになったのは，何が発達したからか。	農耕や牧畜
□国の支配者は政治や戦争を指揮する王となったが，ほかの有力者は何になったか。	貴族
□紀元前3000年ごろ，ナイル川流域に生まれ，国王の墓としてピラミッドを造り，太陽暦《たいようれき》や象形文字《しょうけいもじ》を作り出した文明は何か。	エジプト文明《ぶんめい》

□紀元前3000年ごろ，チグリス川，ユーフラテス川流域でくさび形文字，太陰暦《たいいんれき》，60進法などを生み出した文明は何か。	メソポタミア文明
□エジプトやメソポタミアをふくむオリエントの地域で，後の時代に発明された文字は何か。	アルファベット
□紀元前2500年ごろ，インダス川のほとりで，モヘンジョ・ダロのような計画的な都市建設を行った文明は何か。	インダス文明
□紀元前16世紀ごろ，中国《ちゅうごく》の黄河《こうが》《ホワンホー》流域におこった国は何か。	殷《いん》
□殷で作られた漢字の基《もと》となった文字は何か。	甲骨《こうこつ》文字
□紀元前６世紀，家族の道徳や，政治における仁《じん》・礼を基本にすべきと儒学《じゅがく》(儒教《じゅきょう》)を説いたのはだれか。	孔子《こうし》
□紀元前３世紀，中国を統一した国はどこか。	秦《しん》
□中国と西方の世界を結び，さまざまな文化の交流が行われた交通路を何というか。	シルクロード(絹《きぬ》の道《みち》)
□紀元前８世紀ごろから，アテネやスパルタなどのように地中海各地に造られた国家を何というか。	都市国家(ポリス)
□マケドニアの王で，ペルシャを征服《せいふく》し，インダス川にまで達したのはだれか。	アレクサンドロス大王
□ギリシャの文明が東方に広まって生まれた文化を何というか。	ヘレニズム(の文化)
□都市国家のローマは，貴族が率いるどのような政治体制から帝政《ていせい》へと変わったのか。	共和政
□紀元前５世紀，仏教《ぶっきょう》を開いたのはだれか。	シャカ(釈迦《しゃか》)
□紀元前後，キリスト教を開いたのはだれか。	イエス
□７世紀，唯一《ゆいいつ》神であるアラーからお告げを受けたとしたムハンマドが開いた宗教は何か。	イスラム教

2 日本列島の誕生と大陸との交流

教科書 p.30～p.35

要点整理

1 旧石器時代と縄文《じょうもん》時代の暮らし

①旧石器時代の暮らし

・氷河時代：大陸と陸続き→マンモス，ナウマンゾウなど大形動物が住む →人々が移住→打製石器を付けたやりなどを使い，獲物《えもの》を求めて移動

・氷期の終わり（1万年ほど前）→氷が解け海面が上昇《じょうしょう》→日本列島の誕生

②縄文時代の暮らし

・1万数千年前，土器を作り始める→世界的に見ても非常に古い土器

・**縄文土器《じょうもんどき》**：厚手で，低温で焼かれたため表面は黒褐色《こくかっしょく》，縄目《なわめ》のような文様

　・この時代を**縄文時代《じょうもんじだい》**，このころの文化を縄文文化と呼ぶ

・**貝塚《かいづか》**：食べ終わった貝殻《かいがら》などの捨て場→縄文時代の生活を知る手がかり

・**たて穴住居《あなじゅうきょ》**：ほり下げた地面に柱を立てて，屋根をかけた住居

2 弥生時代《やよいじだい》の暮らしと邪馬台国《やまたいこく》

①弥生時代の始まり

・**稲作《いなさく》**の伝来：紀元前4世紀ごろ，朝鮮《ちょうせん》半島から九州《きゅうしゅう》北部に→東日本へ

・高床《たかゆか》倉庫：ねずみや湿気《しっけ》を防ぐ造り→収穫《しゅうかく》した稲《いね》を収める

・大陸から伝わる：青銅器（銅剣《どうけん》・銅矛《どうほこ》・銅鏡・銅鐸《どうたく》）や鉄器

・**弥生土器《やよいどき》**：やや高温で焼かれたため赤褐色《せきかっしょく》，薄手《うすで》でかための土器

　・この時代を**弥生時代《やよいじだい》**，このころの文化を弥生文化と呼ぶ→登呂《とろ》遺跡，吉野ヶ里《よしのがり》遺跡

②国々の成立

・国の成立：稲作が盛《さか》んになる→むらをまとめる王の出現→小さな国々

・「漢書《かんじょ》」：紀元前1世紀ごろ，倭《わ》（日本）に100余りの国，漢に使いを送る

超重要 邪馬台国の女王卑弥呼《ひみこ》は，中国《ちゅうごく》の魏《ぎ》に朝貢《ちょうこう》した

でる! ❶縄文土器と弥生土器のそれぞれの特徴《とくちょう》を覚えておこう。❷「貝塚」はよく出る用語だよ。❸邪馬台国と卑弥呼は重要だよ。❹大和政権《やまとせいけん》の内容と古墳《こふん》はおさえておこう。

・「後漢書《ごかんじょ》」：１世紀半ば，倭の奴国《なこく》《なのくに》の王→後漢に使い→金印《きんいん》(「漢委《(倭)》奴国王《かんのわのなのこくおう》」)

③邪馬台国《やまたいこく》

・倭の**邪馬台国**が魏《ぎ》に**朝貢**《ちょうこう》した

　・「三国志《さんごくし》」魏書《ぎしょ》の倭人《わじん》についての記述(魏志倭人伝《ぎしわじんでん》)…邪馬台国の女王**卑弥呼**《ひみこ》が魏に使い→「親魏倭王《しんぎわおう》」の称号《しょうごう》，金印，銅鏡を授かる

3 大王《おおきみ》《だいおう》の時代

①大和政権の発展

・**大和政権**《やまとせいけん》：３世紀後半，奈良盆地《ならぼんち》を中心とする地域，王を豪族《ごうぞく》が支える

・**古墳**《こふん》：王や豪族の墓，大和政権の支配の広がり→全国に前方後円墳《ぜんぽうこうえんふん》

・**古墳時代**《じだい》：３世紀後半〜６世紀末ごろ→５世紀後半から**大王**《おおきみ》《だいおう》と呼ぶ

②古墳時代の文化／③中国《ちゅうごく》・朝鮮《ちょうせん》半島との交流

・古墳の表面→石をしきつめ，いろいろな形の埴輪《はにわ》が置かれた

・朝鮮半島………**高句麗**《こうくり》，**百済**《くだら》《ひゃくさい》，**新羅**《しらぎ》《しんら》が勢力争い

・大和政権…**伽耶地域**《かやちいき》(**任那**《みまな》《にんな》)の国々，百済と交流が深く，援軍《えんぐん》として，高句麗や新羅と戦う

・**渡来人**《とらいじん》：朝鮮半島から日本列島に，一族で移り住み，文化や宗教を伝えた人々

　・技術：かたく黒っぽい土器(須恵器《すえき》)，文化：かまどを使う生活を伝える

関連用語

弥生土器　1884年に，東京《とうきょう》府本郷《ほんごう》区向ヶ丘弥生町《むこうがおかやよいちょう》(現在の東京都文京《ぶんきょう》区弥生)でこの土器が見つかったことにより，この名称《めいしょう》が付いた。

邪馬台国　邪馬台国がどこにあったのかについては，近畿《きんき》(大和)説と九州説とがあり確定していない。

前方後円墳　円形の墳丘《ふんきゅう》と方形の墳丘が結びつけられたような形の古墳である。日本最大の前方後円墳は大仙《だいせん》古墳(仁徳陵《にんとくりょう》古墳)で，全長486mもある世界最大級の墓。

要点チェック

□日本列島が，ユーラシア大陸と陸続きになったのは，何時代か。	氷河時代
□石器を作る貴重な材料で，香川県などの原産地から100km以上はなれた所まで運ばれていた物は何か。	サヌカイト
□日本列島の人々が，１万数千年前から，木の実を煮《に》て食べるために作った道具は何か。	土器《どき》
□厚手で，黒褐色《こくかっしょく》の表面に縄目《なわめ》のような文様が付けられることが多い土器は何か。	縄文《じょうもん》土器
□縄文時代の海に近いむらで，食べ終わった後の貝殻《かいがら》や魚の骨などを捨てた場所を何というか。	貝塚《かいづか》
□ほり下げた地面に柱を立てて，屋根をかけた住居を何というか。	たて穴住居《あなじゅうきょ》
□死者の霊《れい》による災《わざわ》いを防ぐために行われたといわれる，地面に穴をほり，手足を折り曲げて死者をうめることを何というか。	屈葬《くっそう》
□紀元前４世紀ごろ，朝鮮《ちょうせん》半島から九州《きゅうしゅう》北部に伝わった，ある農作物の栽培《さいばい》技術は何か。	稲作《いなさく》
□ねずみや湿気《しっけ》を防ぐ造りとなっており，稲《いね》を収めた建物は何か。	高床《たかゆか》倉庫
□祭りの宝物《ほうもつ》として使われた，鐘型《かねがた》の青銅器は何か。	銅鐸《どうたく》
□やや高温で焼かれたため赤褐色《せきかっしょく》の，薄手《うすで》でかためての土器は何か。	弥生《やよい》土器《どき》
□紀元前１世紀ごろ，倭《わ》(日本)には100余りの国があったと記述されている中国《ちゅうごく》の歴史書は何か。	「漢書《かんじょ》」
□１世紀半ば，倭の王が後漢《ごかん》から授《さず》けられた，「漢委《かんのわの》(倭)奴国王《なのこくおう》」と刻まれたものとは何か。	金印《きんいん》

□「三国志《さんごくし》」魏書《ぎしょ》の倭人についての記述(魏志倭人伝《ぎしわじんでん》)のなかで，30ほどの国々をまとめていた国とはどこか。

邪馬台国《やまたいこく》

□魏に朝貢《ちょうこう》して，「親魏倭王《しんぎわおう》」の称号《しょうごう》などを授けられた国の女王はだれか。

卑弥呼《ひみこ》

□３世紀後半，奈良盆地《ならぼんち》を中心とする地域に生まれた強大な力を持つ王と有力な豪族《ごうぞく》たちとから成る勢力とは何か。

大和政権《やまとせいけん》

□上の問いの王や豪族の墓を何というか。

古墳《こふん》

□大仙《だいせん》古墳《こふん》(仁徳陵《にんとくりょう》古墳)に代表される形の古墳を何というか。

前方後円墳《ぜんぽうこうえんふん》

□５世紀後半ごろ，勢力を広げた大和政権の王は，特に何と呼ばれるようになったか。

大王《おおきみ》《だいおう》

□多くの古墳では，表面に石がしきつめられ，そこに円筒型《えんとうがた》や人物・家屋などをかたどった焼き物が置かれた。これを何というか。

埴輪《はにわ》

□中国で，５世紀から６世紀にかけて，国内が南北に分かれて，国々が対立した時代を何というか。

南北朝時代

□５世紀の朝鮮《ちょうせん》で，高句麗《こうくり》，新羅《しらぎ》《しんら》と勢力を争った国はどこか。

百済《くだら》《ひゃくさい》

□大和政権が，百済《くだら》《ひゃくさい》や伽耶地域《かやちいき》(任那《みまな》《にんな》)の国々の援軍《えんぐん》として，高句麗や新羅と戦ったことが記されている碑《ひ》は何か。

好太王《こうたいおう》(広開土《こうかいど》王《おう》)碑

□朝鮮半島から移り住み，技術や文化を伝えた人々を何というか。

渡来人《とらいじん》

□渡来人《とらいじん》が伝えた高温で焼かれた，かたく黒っぽい土器を何というか。

須恵器《すえき》

□渡来人が，６世紀半ばに伝えた宗教は何か。

仏教

□讃《さん》・珍《ちん》・済《せい》・興《こう》・武《ぶ》の５人の王の名が記されている中国の歴史書は何か。

宋書《そうじょ》

3 古代国家の歩みと東アジア世界

教科書　p.36〜p.57

要点整理

1 聖徳太子《しょうとくたいし》の政治改革

①朝鮮《ちょうせん》半島の動乱と隋《ずい》の中国統一

・６世紀，新羅《しらぎ》《しんら》が伽耶地域《かやちいき》の国々をほろぼす

・６世紀末，中国で隋が誕生，法律（律令《りつりょう》）や戸籍《こせき》を整える→強大な帝国《ていこく》

②聖徳太子と蘇我氏《そがし》

・聖徳太子（厩戸皇子《うまやどのおうじ》）と蘇我氏→大王《おおきみ》《だいおう》（天皇）中心の政治の仕組みを作る

　・冠位十二階《かんいじゅうにかい》：家柄《いえがら》にとらわれず，才能や功績のある人物を役人にする

　・十七条《じゅうしちじょう》の憲法《けんぽう》：役人の心構えを示す→天皇の命令に従うべきことなど

・遣隋使《けんずいし》：小野妹子《おののいもこ》などを隋に送り，隋の進んだ制度や文化を取り入れる

②飛鳥文化《あすかぶんか》

・仏教の伝来：６世紀半ば，朝鮮半島から伝わる

・飛鳥文化《あすかぶんか》：飛鳥地方で栄えた，日本最初の仏教文化

　・代表的文化財：法隆寺《ほうりゅうじ》の釈迦三尊像《しゃかさんぞんぞう》，広隆寺《こうりゅうじ》の弥勒菩薩像《みろくぼさつぞう》

2 東アジアの緊張と律令国家《りつりょうこっか》への歩み

①唐の成立と東アジアの緊張／②大化《たいか》の改新

・７世紀初め，隋がほろび，唐《とう》が中国を統一→日本から遣唐使《けんとうし》を送る

・７世紀半ば，唐が高句麗《こうくり》に攻《せ》め入り，百済《くだら》《ひゃくさい》や新羅，日本で緊張が高まる

・大化の改新：645年，中大兄皇子《なかのおおえのおうじ》，中臣鎌足《なかとみのかまたり》らが，朝廷《ちょうてい》で独断的な政治を行っていた蘇我蝦夷《そがのえみし》・入鹿《いるか》の親子をほろぼし，始めた政治改革

　・公地《こうち》・公民《こうみん》：土地と人々を国家が直接支配する仕組み

③白村江《はくすきのえ》《はくそんこう》の戦いと壬申《じんしん》の乱

・百済の復興のため大軍を送る→白村江の戦い→大敗

超重要　聖徳太子の政治改革の目的は，大王中心の国造り

でる!

❶聖徳太子の政治の特徴《とくちょう》を覚えておこう。❷「大宝《たいほう》律令」はよく出る用語だよ。❸大化の改新は重要だよ。❹飛鳥文化や天平《てんぴょう》文化，国風《こくふう》文化のちがいをおさえておこう。

・天智天皇《てんじてんのう》(中大兄皇子)：大津宮《おおつのみや》で即位《そくい》→初めて全国の戸籍を作る

・壬申《じんしん》の乱《らん》：天智天皇死後に起きたあとつぎをめぐる戦い→天武天皇《てんむてんのう》が即位

3 律令国家の成立と平城京《へいじょうきょう》

①大宝律令《たいほうりつりょう》／②平城京《へいぜい》

・大宝律令：701年，唐の法律にならって作られた

　・律《りつ》：刑罰《けいばつ》の決まり／令《りょう》：政治を行ううえでのさまざまな決まり

・律令国家：律令に基《もと》づいて政治を行う国家→天皇と貴族《きぞく》で運営

・平城京：710年，律令国家の都として長安《ちょうあん》にならって造営→奈良時代《ならじだい》

③地方の仕組み

・都…天皇の住居，太政官《だいじょうかん》などの役所，和同開珎《わどうかいちん》などの貨幣《かへい》も発行

・地方…国ごとに国府を置き，国司《こくし》を派遣／地方《かいほう》豪族《ごうぞく》を郡司《ぐんじ》に任命

　・大宰府《だざいふ》→九州《きゅうしゅう》地方の政治，外交・防衛／多賀《たが》城→東北《とうほく》地方の政治，軍事

4 奈良時代の人々の暮らし

①人々の身分と負担

・戸籍《こせき》：６年ごとに作られ，良民《りょうみん》と，奴婢《ぬひ》(奴隷《どれい》)などの賤民《せんみん》に分けて登録

・班田収授法《はんでんしゅうじゅのほう》：６歳《さい》以上の全ての人に性別や身分に応じて口分田《くぶんでん》をあたえた

・人々の負担…租《そ》：口分田の面積に応じて負担→稲《いね》の収穫《しゅうかく》量の約３％／調《ちょう》・庸《よう》：成人男子が負担，布や特産物を都へ運び納める／兵役《へいえき》：一部は九州の防人《さきもり》…日本を唐や新羅から守るため

②土地の私有と荘園《しょうえん》

・墾田永年私財法《こんでんえいねんしざいのほう》：新しく開墾《かいこん》した土地の永年私有を認めた→貴族や寺院が私有地を広げる→やがて荘園《しょうえん》と呼ばれるようになった

5 天平《てんぴょう》文化

①天平文化／②奈良時代の仏教

・遣唐使《けんとうし》：朝廷《ちょうてい》の使節として唐に送る→唐の制度や文化を取り入れるため
・天平文化《てんぴょうぶんか》：仏教と唐《とう》の影響《えいきょう》を受けた国際的な文化→聖武天皇《しょうむてんのう》の時代
　・東大寺《とうだいじ》の正倉院《しょうそういん》：聖武天皇が使用した道具や楽器などをおさめる
・聖武天皇と光明《こうみょう》皇后は仏教の力によって国家を守ろうと考えた
　・国ごとに国分寺《こくぶんじ》と国分尼寺《こくぶんにじ》／都に東大寺を建て，大仏《だいぶつ》を造らせた
・行基《ぎょうき》：一般《いっぱん》の人々に仏教を布教し，橋やため池を造る
・鑑真《がんじん》：唐で人々の尊敬を集めていた，来日して仏教を伝える

③歴史書と万葉集《まんようしゅう》

・「古事記《こじき》」と「日本書紀《にほんしょき》」：神話《しんわ》や伝承《でんしょう》，記録などを基《もと》にした歴史書
・「風土記《ふどき》」：地方の国ごとに，自然・産物・伝承などを記録
・「万葉集」：天皇や貴族から，防人《さきもり》や農民までの歌を収めた和歌集

6 平安京《へいあんきょう》と律令国家の変化

①平安京／②律令国家の変化／③新しい仏教の動き

・奈良時代後半，貴族や僧《そう》の間で勢力争いが激しくなり，政治が混乱
・桓武天皇《かんむてんのう》…都を長岡京《ながおかきょう》に移す→794年には平安京に移した→平安時代《へいあんじだい》
・東北《とうほく》地方の平定：蝦夷《えみし》を平定するため征夷大将軍《せいいたいしょうぐん》に任命した坂上田村麻《さかのうえのたむらま》呂《ろ》を派遣《はけん》→勢力を広げたものの，蝦夷の抵抗《ていこう》はやまなかった
・最澄《さいちょう》：天台宗《てんだいしゅう》を始め，比叡山《ひえいざん》に延暦寺《えんりゃくじ》を建てる
・空海《くうかい》：真言宗《しんごんしゅう》を始め，高野山《こうやさん》に金剛峯寺《こんごうぶじ》を建てる

④東アジアの変化

・９世紀，唐がおとろえる→菅原道真《すがわらのみちざね》が遣唐使《けんとうし》の延期を提案

7 摂関《せっかん》政治の時代

①藤原氏《ふじわらし》と摂関政治／②新しい税と国司の変化

・藤原氏は娘《むすめ》を天皇のきさきにし，その子を天皇に立て，勢力をのばす
・摂関政治：天皇が幼いときは摂政《せっしょう》，成長すると関白《かんぱく》となり実権をにぎる
・11世紀前半，藤原道長《ふじわらのみちなが》と，その子頼通《よりみち》のころが最も安定

超重要 聖武天皇と光明皇后は，仏教の力で国家を守ろうと考えた

8 国風文化

①唐《とう》の滅亡と宋《そう》の商人／②国風文化《こくふうぶんか》／③浄土信仰《じょうどしんこう》

・10世紀の初め唐がほろぶ→小国に分かれる→宋が中国統一

・朝鮮半島《ちょうせんはんとう》：高麗《こうらい》がおこり新羅《しらぎ》《しんら》をほろぼす

・国風文化：唐風《とうふう》の文化をふまえながら，日本の風土・生活・感情に合った文化

・仮名文字《かなもじ》：紀貫之《きのつらゆき》らがまとめた「古今和歌集《こきんわかしゅう》」を生む

・仮名《かな》文学：紫式部《むらさきしきぶ》「源氏物語《げんじものがたり》」，清少納言《せいしょうなごん》の随筆《ずいひつ》「枕草子《まくらのそうし》」

・10世紀半ば，念仏《ねんぶつ》を唱え阿弥陀如来《あみだにょらい》にすがり，死後極楽浄土《ごくらくじょうど》への生まれ変わりを願う浄土信仰《じょうどしんこう》がおこる→平等院鳳凰堂《びょうどういんほうおうどう》などの阿弥陀堂の建立

資料から発見！ 絵巻物から古代の人々の姿をとらえよう （教科書） p.52〜53

①絵巻物とは？／②「伴大納言絵巻《ばんだいなごんえまき》」とは？

・絵巻物：文字と絵とが交互《こうご》に書かれた巻物→天皇や貴族が作らせた

・「伴大納言絵巻」：12世紀後半に応天門《おうてんもん》の変を題材に作られた絵巻物

もっと歴史 現代に生きる神話 （教科書） p.54〜55

①「記紀《きき》神話」の成立／②「記紀神話」の展開／③日本の神話と世界の神話

・８世紀に，朝廷《ちょうてい》の命令で，神話を「古事記」「日本書紀」(記紀)にまとめた

・記紀の内容…神々の誕生や日本列島ができる様子，神々の日本統治など

・神が天から降りてくる話などは東北アジア一帯に存在し，世界の神話とも似る

地域の歴史を調べよう1 大陸への玄関口・福岡 （教科書） p.56〜57

◆古代に大陸との玄関口となった福岡について調べる…石碑《せきひ》や遺物《いぶつ》・遺跡《いせき》などを調べることで，福岡は大陸とどのような交流があったかを学習して，調べたことを年表にまとめて情報を共有・考察し，発表する

関連用語

摂政　天皇が女性であったり，幼かったりしたときに置かれることがあり，天皇の代理人として政治を行った。

荘園《しょうえん》　墾田永年私財法《こんでんえいねんしざいのほう》によって生まれた私有地。貴族や寺院は荘園を拡大することによって経済力を強めた。後に，武士《ぶし》も荘園を舞台《ぶたい》に成長した。

極楽浄土《ごくらくじょうど》　阿弥陀如来がいるとされる，あらゆる苦しみのない世界。念仏を唱えれば，死んだ後，極楽浄土への生まれ変わりを願う浄土信仰が流行した。

要点チェック

□蘇我馬子《そがのうまこ》と協力し，大王《おおきみ》《だいおう》(天皇)を中心とする政治の仕組みを作ろうとした人物はだれか。	聖徳太子《しょうとくたいし》(厩戸皇子《うまやどのおうじ》)
□家柄《いえがら》にとらわれず，才能や功績のある者を役人に取り立てようと聖徳太子が作った制度は何か。	冠位十二階《かんいじゅうにかい》
□聖徳太子が制定した，天皇の命令には従うことなど役人の心構えを示したものは何か。	十七条《じゅうしちじょう》の憲法《けんぽう》
□聖徳太子が，進んだ制度や文化を取り入れようと，隋《ずい》に送った使者を何というか。	遣隋使《けんずいし》
□飛鳥《あすか》地方で栄えた，日本最初の仏教文化は何か。	飛鳥文化
□飛鳥文化を代表する釈迦三尊像《しゃかさんぞんぞう》のある寺院はどこか。	法隆寺《ほうりゅうじ》
□645年，蘇我蝦夷《そがのえみし》・入鹿《いるか》の親子をたおし，始められた政治改革は何か。	大化の改新
□大化の改新の中心人物で，のちに即位《そくい》して天智天皇《てんじてんのう》となった人物はだれか。	中大兄《なかのおおえの》皇子
□土地と人々を国家が直接支配する仕組みを何と呼ぶか。	公地《こうち》・公民《こうみん》
□天智天皇の死後に起きたあとつぎをめぐる戦いは何か。	壬申《じんしん》の乱
□壬申の乱に勝って即位した天皇はだれか。	天武《てんむ》天皇
□701年，唐《とう》にならって作られた法律は何か。	大宝律令《たいほうりつりょう》
□律令のうち，刑罰《けいばつ》の決まりを指すものは何か。	律《りつ》
□710年，長安《ちょうあん》にならって造営された都はどこか。	平城京《へいじょうきょう》
□九州《きゅうしゅう》地方の政治，外交・防衛を担当した役所は何か。	大宰府《だざいふ》
□人々を良民《りょうみん》と賤民《せんみん》に分けて登録した，6年ごとに作られた台帳とは何か。	戸籍《こせき》
□戸籍に基《もと》づき，6歳《さい》以上の人々に性別や身分に応じてあたえられ，死ぬと国に返させたものとは何か。	口分田《くぶんでん》

□６歳以上の人々に性別や身分に応じて口分田をあたえ，死ぬと返させる制度を何と呼ぶか。	班田収授法《はんでんしゅうじゅのほう》
□人々が男女とも口分田の面積に応じて稲《いね》を国に納めた税は何か。	租《そ》
□新しく開墾《かいこん》した土地の永年私有を認めた法律は何か。	墾田永年私財法《こんでんえいねんしざいのほう》
□貴族や寺院が開墾で獲得《かくとく》した私有地を何というか。	荘園《しょうえん》
□唐の制度や文化を持ち帰った朝廷《ちょうてい》の使節とは何か。	遣唐使《けんとうし》
□唐の文化の影響《えいきょう》を受けた国際色豊かな文化は何か。	天平《てんぴょう》文化
□聖武天皇《しょうむてんのう》が仏教の力で国家を守るため，国ごとに造らせた寺は何と何か。	国分寺《こくぶんじ》と国分尼寺《こくぶんにじ》
□「古事記《こじき》」と並ぶ歴史書は何か。	「日本書紀《にほんしょき》」
□天皇から農民までの歌を収めた和歌集は何か。	「万葉集《まんようしゅう》」
□長岡京《ながおかきょう》から，794年に都はどこに移されたか。	平安京《へいあんきょう》
□都を平安京に移した天皇はだれか。	桓武天皇《かんむてんのう》
□蝦夷《えみし》を平定するために坂上田村麻呂《さかのうえのたむらまろ》が就《つ》いた役職は何か。	征夷大将軍《せいいたいしょうぐん》
□中国で学んだ仏教を基《もと》に真言宗《しんごんしゅう》を始め，高野山《こうやさん》に金《こん》剛峯寺《ごうぶじ》を建てたのはだれか。	空海《くうかい》
□遣唐使の派遣延期を提案したのはだれか。	菅原道真《すがわらのみちざね》
□摂関政治《せっかんせいじ》が最も安定した時期に,「この世をばわが世とぞ思う…」という和歌をよんだのはだれか。	藤原道長《ふじわらのみちなが》
□唐風《とうふう》の文化を基《もと》にした，日本の風土・生活，日本人の感情に合った文化を何というか。	国風文化《こくふうぶんか》
□紀貫之《きのつらゆき》などが編集した和歌集は何か。	「古今和歌集《こきんわかしゅう》」
□「源氏物語《げんじものがたり》」の作者はだれか。	紫式部《むらさきしきぶ》
□清少納言《せいしょうなごん》の随筆《ずいひつ》は何か。	「枕草子《まくらのそうし》」
□念仏《ねんぶつ》を唱え阿弥陀如来《あみだにょらい》にすがることで，死後に極楽《ごくらく》浄土《じょうど》に生まれ変わることを願う信仰《しんこう》を何と呼ぶか。	浄土信仰《じょうどしんこう》

得点アップ　◉定期テスト対策問題①◉

1 **右の年表を見て，次の問いに答えなさい。**

700万年～600万年前	① ・アフリカに出現 ・立って歩く
200万年ほど前	② ・（　A　）を作り始める ・火や言葉を使う
20万年ほど前	③ ・現在の人類の直接の祖先

(1)　年表中の①～③に当てはまる人類を，次のア～ウから一つずつ選び，記号で答えなさい。

ア　猿人《えんじん》　　**イ**　原人《げんじん》

ウ　新人《しんじん》(ホモ・サピエンス)

①(　ア　)　②(　イ　)　③(　ウ　)

(2)　年表中の(　A　)に当てはまる石器名を漢字で答えなさい。　(　打製石器《だせいせっき》　)

(3)　③の人類は(　A　)を使い，狩《か》りや採集を行って移動しながら生活していた。この時代を何と呼ぶか答えなさい。　(　旧石器時代《きゅうせっきじだい》　)

(4)　(3)の時代が日本にもあったことが明らかになった遺跡《いせき》名を，次のア～ウから選び，記号で答えなさい。　(　ア　)

ア　岩宿《いわじゅく》遺跡(群馬《ぐんま》県)　　**イ**　三内丸山《さんないまるやま》遺跡(青森《あおもり》県)

ウ　吉野ヶ里《よしのがり》遺跡(佐賀《さが》県)

2 **次の文中の①～⑤の(　)に当てはまる語句を，あとのア～オから一つずつ選び，記号で答えなさい。**

中国《ちゅうごく》の歴史書「三国志《さんごくし》」魏書《ぎしょ》の倭人《わじん》についての記述①(　イ　)には，邪《や》馬台国《またいこく》があり，女王②(　オ　)が治めていたという記録がある。当時の日本はいくつもの国に分かれ，それぞれ王や豪族《ごうぞく》が支配していた。王や豪族の墓として造られたのが③(　エ　)である。有力な王であるほど大きな墓が造られた。なかでも，④(　ウ　)地方に生まれた大和政権《やまとせいけん》は勢力を拡大し，5世紀には東北《とうほく》地方の南部の豪族も従え，大和政権の王は⑤(　ア　)と呼ばれるようになった。

ア　大王《おおきみ》《だいおう》　　イ　魏志倭人伝《ぎしわじんでん》　　ウ　近畿《きんき》

エ　古墳《こふん》　　オ　卑弥呼《ひみこ》

3　右の年表を見て，次の問いに答えなさい。

年	主な出来事
593	①（厩戸皇子《うまやどのおうじ》）が政務に参加する
603	①が②を制定する
604	①が③を定める
607	④などを隋《ずい》に派遣《はけん》する
630	唐《とう》に使節を派遣する→⑤の始まり
645	中大兄皇子《なかのおおえのおうじ》，中臣鎌足《なかとみのかまたり》らが蘇《そ》我《がの》蝦夷《えみし》・入鹿《いるか》親子をたおし，⑥が始まる
672	天智天皇《てんじてんのう》の没後《ぼつご》，あとつぎをめぐる⑦が起こる
701	⑧が出される

⑴　年表中の①に当てはまる人物名を答えなさい。　（　聖徳太子《しょうとくたいし》　）

⑵　年表中の②は，役人への人材登用のために作られた制度である。この制度を何というか答えなさい。
（　冠位十二階《かんいじゅうにかい》　）

⑶　年表中の③は，役人の心得を示したものである。何というか答えなさい。　（　十七条《じゅうしちじょう》の憲法《けんぽう》　）

⑷　年表中の④に当てはまる人物名を答えなさい。　（　小野妹子《おののいもこ》　）

⑸　年表中の⑤に当てはまる使節名を答えなさい。　（　遣唐使《けんとうし》　）

⑹　年表中の⑥の政治改革を何というか答えなさい。（　大化《たいか》の改新　）

⑺　⑥の政治改革の一つで，これまで豪族が支配していた土地と人々を，国家が直接支配する方針が示された。このことを何というか答えなさい。
（　公地《こうち》・公民《こうみん》　）

⑻　あとつぎをめぐる戦いである年表中の⑦を何というか答えなさい。
（　壬申《じんしん》の乱《らん》　）

⑼　⑦に勝って即位《そくい》した天皇はだれか，答えなさい。
（　天武天皇《てんむてんのう》　）

⑽　年表中の⑧は，唐の法律にならって作られたものである。その名称《めいしょう》を答えなさい。　（　大宝律令《たいほうりつりょう》　）

⑾　⑧で決められたさまざまな決まりのうち，令《りょう》は何を行ううえでの決まりなのか答えなさい。　（　政治　）

得点アップ　◉定期テスト対策問題②◉

1 右の地図を見て，次の問いに答えなさい。

⑴　次の①～④の文に当てはまる文明を地図中から選び，文明の名を答えなさい。

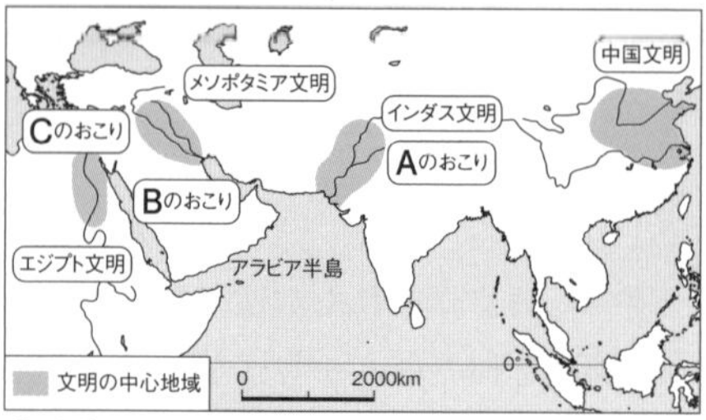

⬆古代文明と宗教のおこり

①　チグリス川とユーフラテス川のほとりで生まれた文明で，（ あ ）や太陰暦《たいいんれき》，60進法が考え出された。

（ メソポタミア文明《ぶんめい》 ）

②　黄河《こうが》《ホワンホー》の流域で生まれた殷《いん》がこの文明をになった。優《すぐ》れた青銅器や，漢字の基《もと》となった（ い ）が作られた。　（ 中国《ちゅうごく》文明 ）

③　ナイル川のほとりで生まれたこの文明では，ピラミッドや（ う ），太陽暦《たいようれき》などが発明された。　（ エジプト文明 ）

④　インダス川流域で生まれ，排水施設《はいすいしせつ》などを持つ都市を建設したことで知られる。　（ インダス文明 ）

⑵　⑴の（ あ ）～（ う ）は，それぞれの文明で発明された文字である。これらの文字を何というか答えなさい。

あ（ くさび形文字《がたもじ》 ）　い（ 甲骨《こうこつ》文字 ）　う（ 象形《しょうけい》文字 ）

⑶　地図中のA～Cの宗教名を答えなさい。

A（ 仏教 ）　B（ イスラム教 ）　C（ キリスト教 ）

2 次の①～⑥の文について，縄文時代《じょうもんじだい》の特徴《とくちょう》にはJ，弥生時代《やよいじだい》の特徴にはY，両方に当てはまるものにはA，両方に当てはまらないものにはDを入れて答えなさい。

①表面に縄目《なわめ》のような文様がつけられた土器《どき》が多く使われた。　（ J ）

②赤褐色《せきかっしょく》の薄手《うすで》でかための土器が使われた。　（ Y ）

③国の有力者が死ぬと前方後円墳《ぜんぽうこうえんふん》を造ってほうむった。　（　D　）

④たて穴住居《あなじゅうきょ》に住んでいた。　（　A　）

⑤豊かな生産をいのるために土偶《どぐう》が作られていた。　（　J　）

⑥青銅器や鉄器などの金属器を使用していた。　（　Y　）

3 右の年表を見て，次の問いに答えなさい。

(1) ①は，成人した天皇を補佐《ほさ》する役職であるが，その名称《めいしょう》を答えなさい。　（　関白《かんぱく》　）

(2) 藤原氏《ふじわらし》は摂政《せっしょう》や①となって政治の実権をにぎった。この政治を何というか，答えなさい。　（　摂関政治《せっかんせいじ》　）

(3) ②の人物と，その子頼通《よりみち》のころが，(2)の政治が最も安定していた。②の人物名を答えなさい。　（　藤原道長《ふじわらのみちなが》　）

(4) ③に当てはまる建造物を答えなさい。　（　平等院鳳凰堂《びょうどういんほうおうどう》　）

年	主な出来事
866	藤原良房《ふじわらのよしふさ》が摂政《せっしょう》となる
884	藤原基経《もとつね》が①となる
894	遣唐使《けんとうし》派遣延期の提案
1016	②が摂政となる
1053	藤原頼通《よりみち》が③を建てる

4 次の①～⑤の文に当てはまる文化や信仰《しんこう》を，あとのア～エから選び，記号で答えなさい。なお，同じ記号を２度使ってもよい。

① 広大な敷地《しきち》に寝殿造《しんでんづくり》という様式で，貴族の邸宅《ていたく》が建てられた。

② 法隆寺《ほうりゅうじ》の釈迦三尊像《しゃかさんぞんぞう》，広隆寺《こうりゅうじ》の弥勒菩薩《みろくぼさつ》像に見られるように，中国の南北朝やインド，西アジアなどの文化の影響《えいきょう》を受けている。

③ 念仏《ねんぶつ》を唱え阿弥陀如来《あみだにょらい》にすがり，極楽浄土《ごくらくじょうど》に生まれ変わることを願った。

④ 神話《しんわ》や伝承《でんしょう》，記録などを基《もと》にした歴史書である「古事記《こじき》」と「日本書紀《にほんしょき》」が編さんされた。

⑤ 仮名文字《かなもじ》の発明もあって女性による文学が盛《さか》んになり，物語や随筆《ずいひつ》などが書かれた。

ア　飛鳥文化《あすかぶんか》　イ　国風文化《こくふうぶんか》　ウ　浄土信仰《じょうどしんこう》　エ　天平文化《てんぴょうぶんか》

①（　イ　）　②（　ア　）　③（　ウ　）　④（　エ　）　⑤（　イ　）

1 武士の政権の成立

教科書　p.64〜p.73

要点整理

1 武士《ぶし》の成長

①武士の登場／②武士団の形成

・武士：もともとは戦いの技術に優《すぐ》れた都の武官や地方の豪族《ごうぞく》

・武士団：地方の武士が，一族や家来を従えて作ったもの

・有力な武士団：天皇の子孫である源氏《げんじ》と平氏《へいし》→源氏は11世紀後半に東日本に，平氏は12世紀に西日本に勢力，平泉《ひらいずみ》を拠点《きょてん》に奥州藤原氏《おうしゅうふじわらし》が台頭

③荘園《しょうえん》・公領《こうりょう》での武士の役割

・地方の役人や僧《そう》，武士などが荘園開発→皇族や貴族，寺社などの有力者が持ち主(領主)→年貢《ねんぐ》を領主に納め，荘園を支配する権利を得る

・武士が公領で犯罪の取りしまりや年貢の取り立て

2 院政《いんせい》から武士の政権へ

①院政と武士

・院政：天皇が位をゆずり上皇《じょうこう》に→上皇が中心となって行う政治

・上皇と天皇の勢力争い→保元《ほうげん》の乱《らん》と平治《へいじ》の乱《らん》の二つの内乱→平清盛《たいらのきよもり》が台頭

②平清盛の政権

・平清盛《たいらのきよもり》…武士として初めて太政大臣《だいじょうだいじん》→貴族や寺社が反発

・源頼朝《みなもとのよりとも》…平氏への挙兵→源義経《みなもとのよしつね》を送り，平氏をほろぼす(壇《だん》ノ浦《うら》の戦い)

3 鎌倉幕府《かまくらばくふ》の成立と執権《しっけん》政治

①鎌倉幕府の始まり／②執権政治

・1185年，国ごとに守護《しゅご》，荘園や公領ごとに地頭《じとう》→本格的な武士の政権

・御家人《ごけにん》：将軍に忠誠をちかった武士→御恩《ごおん》と奉公《ほうこう》の関係で結び付く

・北条《ほうじょう》氏が執権として幕府の実権をにぎる

超重要　保元の乱から源平の争乱を経て，武士政権(鎌倉幕府)が成立

でる！　❶院政の内容と名称《めいしょう》は覚えておこう。❷「守護」，「地頭」はよく出る用語だよ。❸「執権」と「承久の乱」は重要だよ。❹鎌倉時代の新しい仏教をつかんでおこう。

・承久《じょうきゅう》の乱《らん》：後鳥羽《ごとば》上皇が幕府をたおすため挙兵→失敗→京都に六波羅探題《ろくはらたんだい》
・御成敗式目《ごせいばいしきもく》(貞永式目《じょうえいしきもく》)：政治の判断の基準となる法律

4 武士と民衆の生活

①地頭の支配／②武士の生活

・地頭が荘園や公領の領主と争う→土地の半分が地頭のものに(下地中分《したじちゅうぶん》)
・「弓馬《きゅうば》の道《みち》」：名誉《めいよ》を重んじ，恥《はじ》をきらう態度，武士らしい心構えが育つ

③農業と商業の発達

・農業：牛や馬の利用，鉄製の農具，肥料(草や木の灰)，二毛作《にもうさく》(米と麦)
・定期市《ていきいち》：寺社の門前，交通の便利な所で開かれる

5 鎌倉時代の文化と宗教

①鎌倉文化

・文学：後鳥羽上皇の命令で編集された「新古今和歌集《しんこきんわかしゅう》」(藤原定家《ふじわらのさだいえ》，西行《さいぎょう》)，鴨長明《かものちょうめい》「方丈記《ほうじょうき》」，武士の戦《いくさ》をえがいた「平家物語《へいけものがたり》」，兼好法師《けんこうほうし》「徒然草《つれづれぐさ》」
・彫刻《ちょうこく》：運慶《うんけい》の金剛力士像《こんごうりきしぞう》(東大寺南大門《とうだいじなんだいもん》→宋《そう》の新しい建築様式)など

②鎌倉仏教

・浄土信仰《じょうどしんこう》：浄土宗《じょうどしゅう》(法然《ほうねん》)，浄土真宗《じょうどしんしゅう》(親鸞《しんらん》)，時宗《じしゅう》(一遍《いっぺん》)→念仏《ねんぶつ》の教え
・日蓮《にちれん》が開いた日蓮宗《にちれんしゅう》(法華宗《ほっけしゅう》)：法華経《ほけきょう》の題目《だいもく》(南無妙法蓮華経《なむみょうほうれんげきょう》)を唱える
・禅宗《ぜんしゅう》：臨済宗《りんざいしゅう》(栄西《ようさい》《えいさい》)，曹洞宗《そうとうしゅう》(道元《どうげん》)→座禅《ざぜん》によって自力でさとりを開く

関連用語

御恩と奉公　御恩とは，将軍が御家人の領地を保護したり，新しい領地をあたえること。奉公とは，将軍に忠誠をちかった御家人が幕府を警備し，戦いでは命をかけて戦うこと。

御成敗式目　執権の北条泰時《ほうじょうやすとき》が制定。後世の武士の法律の手本となる。

法然　法然は浄土信仰の教えを徹底《てってい》し，「南無阿弥陀仏《なむあみだぶつ》」と念仏を唱えれば，だれでも極楽浄土《ごくらくじょうど》へ生まれ変われると説いた。民衆に広まったことが鎌倉時代の仏教の特色である。

要点チェック

□有力な武士《ぶし》が家来《けらい》をまとめて作った集団を何というか。	武士団《ぶしだん》
□10世紀中ごろ，北関東《かんとう》で反乱を起こしたのはだれか。	平将門《たいらのまさかど》
□10世紀中ごろ，瀬戸内《せとうち》地方で反乱を起こしたのはだれか。	藤原純友《ふじわらのすみとも》
□11世紀後半，東北《とうほく》地方の大きな戦乱(前九年合戦《ぜんくねんかっせん》，後三年《ごさんねん》合戦)をしずめ，源氏《げんじ》の勢力を東日本に広げたのはだれか。	源 義家《みなもとのよしいえ》
□天皇が位をゆずって上皇《じょうこう》となった後も政治を行うことを何というか。	院政《いんせい》
□二度の内乱に勝ち，平氏《へいし》政権を築いたのはだれか。	平清盛《たいらのきよもり》
□平清盛《たいらのきよもり》が源 義朝《みなもとのよしとも》を破った内乱を何というか。	平治《へいじ》の乱《らん》
□平清盛は武士として初めて朝廷《ちょうてい》のどのような位についたか。	太政大臣《だいじょうだいじん》
□伊豆《いず》から平氏を打倒《だとう》するために挙兵したのはだれか。	源 頼朝《みなもとのよりとも》
□壇《だん》ノ浦《うら》の戦いで平氏をほろぼしたのはだれか。	源 義経《みなもとのよしつね》
□源頼朝が朝廷にせまり，国ごとに置くことを認めさせた役職は何か。	守護《しゅご》
□源頼朝が荘園《しょうえん》や公領《こうりょう》ごとに置いた役職は何か。	地頭《じとう》
□源頼朝が開いた本格的な武士の政権である幕府《ばくふ》は何か。	鎌倉《かまくら》幕府
□幕府を開いた源頼朝が任命された役職は何か。	征夷大将軍《せいいたいしょうぐん》
□将軍に忠誠をちかった武士を何と呼ぶか。	御家人《ごけにん》
□将軍が御家人の以前からの領地を保護したり，新しい領地をあたえることを何というか。	御恩《ごおん》
□御家人が，幕府を警備し，戦いが起こったら命をかけて戦うことを何というか。	奉公《ほうこう》
□鎌倉幕府において，将軍を補佐《ほさ》する役職は何か。	執権《しっけん》

□執権として幕府の実権をにぎり，その地位を独占《どくせん》したのは何氏か。	北条《ほうじょう》氏
□源 実朝《みなもとのさねとも》暗殺に乗じ，朝廷が兵を挙げた事件は何か。	承久《じょうきゅう》の乱《らん》
□承久の乱に敗れ，隠岐《おき》に流された人物はだれか。	後鳥羽《ごとば》上皇
□承久の乱後，朝廷を監視《かんし》するために，京都《きょうと》に設けられた役所は何か。	六波羅探題《ろくはらたんだい》
□武士社会の慣習に基《もと》づいて，1232年に政治の判断基準を定めた法律とは何か。	御成敗式目《ごせいばいしきもく》(貞《じょう》永《えい》式目)
□上の問いの法律を制定したのはだれか。	北条泰時《ほうじょうやすとき》
□荘園や公領の支配をめぐる地頭と領主の争いで，土地の半分が地頭のものになったことを何というか。	下地中分《したじちゅうぶん》
□同じ田畑で米と麦を交互《こうご》に栽培《さいばい》する農業とは何か。	二毛作《にもうさく》
□鎌倉時代に肥料として使われ始めたものは何か。	草や木の灰
□鎌倉時代に，寺社の門前や交通の便利な所で月に数回開かれるようになった市を何というか。	定期市《ていきいち》
□後鳥羽上皇の命令で編集された和歌集は何か。	「新古今和歌集《しんこきんわかしゅう》」
□武士の戦いをえがいた文学は何か。	「平家物語《へいけものがたり》」
□兼好法師《けんこうほうし》が鎌倉での体験や民衆の姿を伝えた随筆《ずいひつ》は何か。	「徒然草《つれづれぐさ》」
□東大寺南大門《とうだいじなんだいもん》の金剛力士像《こんごうりきしぞう》を制作したのはだれか。	運慶《うんけい》
□浄土宗《じょうどしゅう》を開き，「南無阿弥陀仏《なむあみだぶつ》」と念仏《ねんぶつ》を唱えよと説いたのはだれか。	法然《ほうねん》
□法然の弟子《でし》で，浄土真宗《じょうどしんしゅう》を開いたのはだれか。	親鸞《しんらん》
□念仏の札《ふだ》を配るなどして時宗《じしゅう》を開いたのはだれか。	一遍《いっぺん》
□法華経《ほけきょう》の題目《だいもく》(南無妙法蓮華経《なむみょうほうれんげきょう》)を唱えよと説いたのはだれか。	日蓮《にちれん》
□禅宗《ぜんしゅう》の一つである臨済宗《りんざいしゅう》を開いたのはだれか。	栄西《ようさい》《えいさい》
□曹洞宗《そうとうしゅう》を開いたのはだれか。	道元《どうげん》

2 ユーラシアの動きと武士の政治の展開

教科書　p.74〜p.93

要点整理

1 モンゴル帝国《ていこく》とユーラシア世界

①遊牧民の生活／②モンゴル帝国の拡大

・遊牧民は高い移動力と軍事力を持ち，中国などの農耕地帯に進出

・チンギス・ハン…13世紀初め，遊牧民を統一し，モンゴル帝国を建設

・フビライ・ハン…元《げん》を建国し，朝鮮《ちょうせん》半島の高麗《こうらい》や宋《そう》をほろぼす

③ユーラシア世界の形成

・西アジアの天文学が元に，元の陶磁器《とうじき》・火薬がヨーロッパにもたらされる，ヨーロッパの商人やキリスト教宣教師やムスリムの商人も元を訪問

・マルコ・ポーロ…フビライ・ハンに仕えたイタリア人，日本を「黄金の国ジパング」としてヨーロッパに紹介《しょうかい》

2 モンゴルの襲来《しゅうらい》

①二度の襲来／②鎌倉《かまくら》幕府の滅亡《めつぼう》

・元は日本を従えようと使者を送る→執権《しっけん》の北条時宗《ほうじょうときむね》が無視→元寇《げんこう》が起きる

　・1274年，文永《ぶんえい》の役《えき》：博多《はかた》湾岸《わんがん》（福岡《ふくおか》市）に上陸，集団戦法と火薬を使った武器で幕府《ばくふ》軍を苦しませる→元と高麗の対立などのため引きあげる

　・1281年，弘安《こうあん》の役《えき》：上陸できないまま暴風雨で大損害を受け，引きあげ

・御家人《ごけにん》の窮乏《きゅうぼう》：領地の分割《ぶんかつ》相続で生活が苦しくなる→幕府は徳政令《とくせいれい》を出して救済を図《はか》る→北条氏への権力の集中→幕府への反感が強まる

・後醍醐天皇《ごだいごてんのう》が倒幕《とうばく》を試みる→新しく成長した武士の楠木正成《くすのきまさしげ》や，有力御家人の足利尊氏《あしかがたかうじ》らが味方し，1333年に鎌倉幕府をほろぼす

3 南北朝《なんぼくちょう》の動乱と室町《むろまち》幕府

①南北二つの朝廷

超重要 貴族重視の建武の新政がくずれ，南北朝の動乱が起こる

でる！

❶元寇と元寇の影響《えいきょう》をおさえておこう。❷「建武の新政」はよく出る用語だよ。❸倭寇《わこう》と日明貿易《にちみんぼうえき》は重要だよ。❹応仁《おうにん》の乱《らん》とそれ以降の様子をつかんでおこう。❺室町文化《むろまちぶんか》を確認《かくにん》しておこう。

・後醍醐天皇が天皇中心の新しい政治を開始（**建武《けんむ》の新政《しんせい》**）→武士の政治を否定し，貴族を重視→武士の間に不満が高まる→足利尊氏が兵を挙げる

・後醍醐天皇は吉野《よしの》へ（南朝《なんちょう》），尊氏は京都《きょうと》に新しい天皇を立てる（北朝《ほくちょう》）→南北朝の動乱が続いた約60年を**南北朝時代**という

・尊氏は，1388年に征夷大将軍《せいいたいしょうぐん》に任命され，**室町《むろまち》幕府**を開く→**室町時代**

②守護大名《しゅごだいみょう》と地方の動き

・**守護大名**：守護が国内の武士をまとめ，独自に支配

・鎌倉に鎌倉府《かまくらふ》を設置…足利氏の一族が鎌倉公方《くぼう》となって関東《かんとう》を支配

③室町幕府の支配の確立

・**足利義満《あしかがよしみつ》**が，1392年に南北朝を統一→幕府が全国を支配する唯一《ゆいいつ》の政権

・**管領《かんれい》**：将軍の補佐《ほさ》役，侍所《さむらいどころ》（御家人《ごけにん》の統率《とうそつ》）長官とともに有力守護を任命

・幕府の財政：京都の**土倉《どそう》**・酒屋《さかや》（金融《きんゆう》業者）を保護→税で経済的に豊かに

4 東アジアとの交流

①日明《にちみん》貿易

・14世紀には漢《かん》民族が**明《みん》**を建国し，モンゴル民族を退ける

・**倭寇《わこう》**：西日本の武士・商人らが集団で貿易を強要→大陸沿岸をあらす

・明の求めで，足利義満《あしかがよしみつ》は倭寇を禁止→正式な貿易船は明からあたえられた証明書（勘合《かんごう》）を持つ→明と朝貢《ちょうこう》形式の**日明貿易**（**勘合貿易《かんごうぼうえき》**）を開始

②朝鮮《ちょうせん》との貿易／③琉球王国《りゅうきゅうおうこく》の成立／④アイヌ民族《みんぞく》の交易活動

・李成桂《りせいけい》《イソンゲ》が高麗をほろぼし**朝鮮国《ちょうせんこく》**を建国→ハングル（文字）など独自の文化

・15世紀，中山《ちゅうざん》の王となった尚《しょう》氏が沖縄島《おきなわじま》を統一，首里《しゅり》が都の**琉球王国**を建国

・**アイヌ民族**…15世紀，和人《わじん》が蝦夷地《えぞち》南部に進出→コシャマインの蜂起《ほうき》

5 産業の発達と民衆の生活

①農業の改良と手工業の発展

・農業：二毛作《にもうさく》が広がる，水車，堆肥《たいひ》の使用，麻《あさ》や桑《くわ》，茶などの栽培《さいばい》

・手工業：絹織物（西陣《にしじん》，博多《はかた》）・陶器《とうき》などの特産物，金・銀・砂鉄の採掘《さいくつ》

②商業の発展と都市の成長

・各地で定期市《ていきいち》，宋銭《そうせん》や明銭《みんせん》の使用，**馬借《ばしゃく》**，**問《とい》**（運送業をかねた倉庫業者）

・**座《ざ》**：商工業者の同業者団体で，武士や貴族，寺社の保護を受け，営業を独占《どくせん》

・京都《きょうと》での町《ちょう》《まち》衆《しゅう》による都市の政治→祇園祭《ぎおんまつり》，博多《はかた》や堺《さかい》で自治

③村の自治《じち》

・**惣《そう》**：農村における自治組織→村のおきてを定める

・土倉《どそう》や酒屋《さかや》などをおそって借金の帳消しなどを求める**土《つち》《ど》一揆《いっき》**が起こる

6 応仁《おうにん》の乱《らん》と戦国大名《せんごくだいみょう》

①応仁の乱

・**応仁の乱**（1467～77年）：第８代将軍**足利義政《あしかがよしまさ》**のとき，将軍のあとつぎ問題をめぐり，有力守護《しゅご》大名の細川《ほそかわ》氏と山名《やまな》氏の対立から始まった乱

・山城国一揆《やましろのくにいっき》：武士と農民が一体となり守護大名を追い出す→自治を行う

・**一向一揆《いっこういっき》**：浄土真宗《じょうどしんしゅう》（一向宗《いっこうしゅう》）の信仰者が中心となって起こした一揆

②社会の変化と戦国大名の登場

・**下剋上《げこくじょう》**：家来《けらい》が主人に打ち勝つ

・守護大名の成長や下剋上などで**戦国大名《せんごくだいみょう》**が登場→応仁の乱以降が**戦国時代《せんごくじだい》**

③戦国大名の支配の在り方

・戦国大名の政治：国内の武士をまとめて軍隊を作る／家来や商工業者を集めて**城下町《じょうかまち》**を造る／武士や民衆の行動を取りしまる**分国法《ぶんこくほう》**を定める

7 室町文化《むろまちぶんか》とその広がり

①室町文化／②民衆への文化の広がり

・**室町文化**：貴族文化と武士文化を混ぜた文化，足利義満《あしかがよしみつ》が建てた**金閣《きんかく》**，質素で気品のある文化，足利義政《よしまさ》が建てた**銀閣《ぎんかく》**

・新たな文化：茶の湯，連歌《れんが》が生まれ，貴族の文化が武士にも広がる

超重要 戦国大名は，分国法を定めるなどして国内を統一的に支配した

・**能**《のう》：猿楽《さるがく》にほかの芸能の要素を取り入れて，観阿弥《かんあみ》・世阿弥《ぜあみ》親子が大成
・**書院造**《しょいんづくり》：寺院の部屋の様式を武士の住居に取り入れたもの
・**水墨画**《すいぼくが》：墨《すみ》一色で自然を表現→雪舟《せっしゅう》が明《みん》で学び，日本で完成させた
・**狂言**《きょうげん》：民衆の生活や感情をよく表した劇，能の合間に演じられた
・**御伽草子**《おとぎぞうし》：「一寸法師《いっすんぼうし》」などの絵入り物語→子どもへの教育の普及《ふきゅう》による
・足利《あしかが》学校：上杉《うえすぎ》氏が保護，国内から集まった多くの人が儒学《じゅがく》を学ぶ

資料から発見！ 屏風絵《びょうぶえ》から中世の人々の生活をとらえよう　教科書 p.88～89

①**屏風絵とは？**…屏風の表面にえがかれた絵，二隻《にせき》で一組
②**「洛中洛外図《らくちゅうらくがいず》屏風」とは？**…狩野永徳《かのうえいとく》がえがいたもの

もっと歴史 東アジア世界の国々の交流と琉球《りゅうきゅう》文化　教科書 p.90～91

①**朝貢《ちょうこう》って何だろう？**…中国へ使者を送り，皇帝《こうてい》にみつぎ物をする
②**東アジア世界の形成**…中国との朝貢関係→東アジアに仏教などの共通の文化を持つ世界が形成
③**明《みん》と室町幕府**…朝貢体制→足利義満による日明貿易(勘合《かんごう》貿易)が盛ん
④**東アジアを行き来する琉球の船**／⑤**琉球の文化とは**
・中山《ちゅうざん》王の琉球王国→貿易推進→薩摩藩《さつまはん》の支配下でも明・清との交易継続
・独自文化：グスク(城)，三線《さんしん》による音楽やおどり，歌舞劇《かぶげき》，紅型《びんがた》など

地域の歴史を調べよう2 戦国時代の城下町・一乗谷　教科書 p.92～93

◆**戦国時代の城下町にはどのような工夫が見られたかを調べる**…福井市の一乗谷《いちじょうだに》に，朝倉氏の城下町(一乗谷朝倉氏遺跡《あさくらしいせき》として保存・復元)があったことを，一乗谷朝倉氏遺跡資料館や現地調査で学習し，城下町の工夫《くふう》について考察し，発表する

関連用語

室町幕府　足利尊氏《あしかがたかうじ》が開いた幕府は，第３代将軍義満《よしみつ》が京都の室町に御所《ごしょ》を建てたことから，室町幕府と呼ばれるようになった。

分国法　戦国大名が領国《りょうごく》を治めるために独自に制定した法律。家来の武士を統制することに重点が置かれているものが多い。

室町文化　義満のころの金閣に代表される文化を北山文化といい，義政のころの銀閣に代表される文化を東山文化という。

要点チェック

□分かれていた遊牧民の勢力を統一し，ユーラシア大陸の東西にまたがる大帝国《ていこく》を築いたモンゴル民族出身の人物はだれか。	チンギス・ハン
□皇帝《こうてい》となり，国号《こくごう》を元《げん》と定めたのはだれか。	フビライ・ハン
□1274年の一度目の元の襲来《しゅうらい》を何と呼ぶか。	文永《ぶんえい》の役《えき》
□1281年の二度目の元の襲来を何と呼ぶか。	弘安《こうあん》の役《えき》
□御家人《ごけにん》救済のため，鎌倉幕府《かまくらばくふ》が出した法令は何か。	徳政令《とくせいれい》
□鎌倉幕府をたおし，朝廷《ちょうてい》に政治の実権を取りもどそうとした天皇はだれか。	後醍醐天皇《ごだいごてんのう》
□後醍醐天皇が進めた，武士の政治を否定し，貴族を重視する政策をとった新しい政治を何というか。	建武《けんむ》の新政《しんせい》
□後醍醐天皇と対立し，室町《むろまち》幕府を開いたのはだれか。	足利尊氏《あしかがたかうじ》
□吉野《よしの》と京都《きょうと》の二つの朝廷が対立し，約60年動乱が続いた時代を何というか。	南北朝時代
□南北朝を統一した室町幕府の将軍はだれか。	足利義満《あしかがよしみつ》
□国内の武士をまとめて力を持った守護《しゅご》を何と呼ぶか。	守護大名《だいみょう》
□室町幕府の仕組みの一つである，将軍の補佐《ほさ》役は何か。	管領《かんれい》
□西日本の武士・商人・漁民らが集団で船をおそい，大陸沿岸をあらす者を何と呼ぶか。	倭寇《わこう》
□足利義満が始めた日明貿易《にちみんぼうえき》の別の呼び方は何か。	勘合貿易《かんごうぼうえき》
□沖縄島《おきなわじま》を統一した尚氏《しょうし》が建てた国を何というか。	琉球王国《りゅうきゅうおうこく》
□蝦夷地《えぞち》で狩《か》りや漁，交易を行っていた民族は何か。	アイヌ民族
□武士や貴族，寺社の保護を受け，営業の独占《どくせん》を認められた商工業者の同業者ごとの団体を何というか。	座《ざ》
□おきてを定めるなど，有力な農民を中心に村の運営にあたった自治《じち》組織を何というか。	惣《そう》

□農民などが借金の帳消しなどを求め，土倉《どそう》や酒屋《さかや》などをおそった実力行動を何と呼ぶか。	土《つち》《ど》一揆《いっき》
□あとつぎ問題を起こした室町幕府第８代将軍はだれか。	足利義政《あしかがよしまさ》
□将軍のあとつぎ問題をめぐる有力な守護大名の対立によって，1467年から京都で始まった戦乱は何か。	応仁《おうにん》の乱《らん》
□現在の京都府で，武士と農民が一体となって守護大名を追いはらい，自治を行った一揆《いっき》を何と呼ぶか。	山城国一揆《やましろのくにいっき》
□浄土真宗《じょうどしんしゅう》の信仰者が起こした一揆を何というか。	一向一揆《いっこういっき》
□家来《けらい》が主人に打ち勝つ状況《じょうきょう》を何と呼ぶか。	下剋上《げこくじょう》
□家来が大名の地位を奪ったり，幕府から独立したりして国を統一して支配した大名を何というか。	戦国大名《せんごくだいみょう》
□戦国大名が領国を支配するために制定した法律を何というか。	分国法《ぶんこくほう》
□博多《はかた》商人が開発した，世界の経済に大きな影響《えいきょう》をあたえた銀山はどこか。	石見《いわみ》銀山
□猿楽《さるがく》にほかの芸能の要素を取り入れて，観阿弥《かんあみ》・世《ぜ》阿弥《あみ》親子が大成した芸能は何か。	能《のう》
□足利義満《あしかがよしみつ》のころの貴族の文化と武士の文化が混じり合った文化を何と呼ぶか。	北山文化《きたやまぶんか》
□床《とこ》の間《ま》に書・絵画や花がかざられており，寺から武士へ広がった住宅を何というか。	書院造《しょいんづくり》
□雪舟《せっしゅう》が明《みん》で学んだ，墨《すみ》一色で自然などを表現する絵画の技法とは何か。	水墨画《すいぼくが》
□足利義政《あしかがよしまさ》が京都の東山《ひがしやま》に建てた銀閣《ぎんかく》に特色がよく表れた質素で気品のある文化を何と呼ぶか。	東山文化《ひがしやまぶんか》
□能の合間に演じられた，民衆の生活や感情をよく表した劇とは何か。	狂言《きょうげん》
□「一寸法師《いっすんぼうし》」などの絵入りの物語を何というか。	御伽草子《おとぎぞうし》

得点アップ ◉定期テスト対策問題①◉

① 次の問いに答えなさい。

⑴　11世紀後半に，東北《とうほく》地方では平泉《ひらいずみ》を拠点《きょてん》としたある一族が力を持つようになった。この一族を何というか答えなさい。　（　奥州藤原氏《おうしゅうふじわらし》　）

⑵　右の図は，荘園《しょうえん》の仕組みを表したものである。この図を見て，次の問いに答えなさい。

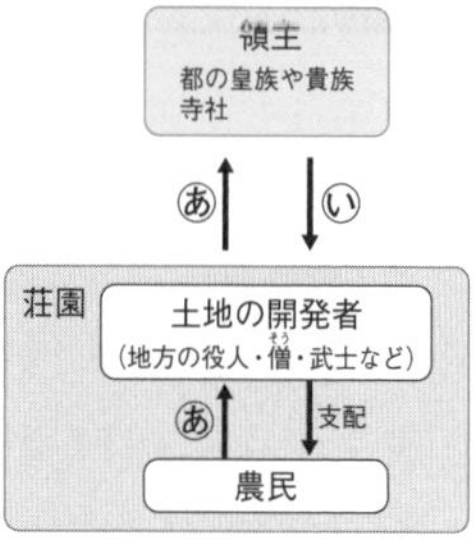

①　図中のⓐは，武士が農民から集め，領主に納めていたものである。これを何というか答えなさい。　（　年貢《ねんぐ》　）

②　図中のⓘに当てはまる語句を答えなさい。　（　保護　）

② 右の図を見て，次の問いに答えなさい。

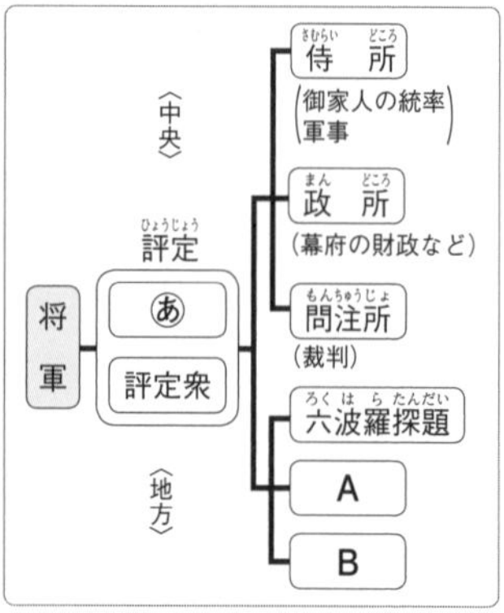

⑴　右の図は，本格的な武士の政権の仕組みをまとめたものである。この政権を開いた人物と，この政権の名称《めいしょう》を答えなさい。

人物（　源頼朝《みなもとのよりとも》　）

政権（　鎌倉幕府《かまくらばくふ》　）

⑵　この政権の将軍は，武士に対し，以前から所有していた領地を保護したり，新しい土地をあたえたりした。これを何というか答えなさい。　（　御恩《ごおん》　）

⑶　将軍に忠誠をちかった御家人《ごけにん》は，幕府を警備し，戦いが起こったときには，命をかけて戦った。これを何というか答えなさい。　（　奉公《ほうこう》　）

⑷　図中のⓐは，将軍を補佐《ほさ》する役職である。この役職名を答えなさい。　（　執権《しっけん》　）

(5)　図中のAは，国内の軍事・警察，御家人の統率《とうそつ》を行う役職である。この役職名を答えなさい。　(　守護《しゅご》　)

(6)　図中のBは，荘園や公領《こうりょう》の管理，年貢の取りたて，警察などを行う役職である。この役職名を答えなさい。　(　地頭《じとう》　)

(7)　図中の六波羅探題《ろくはらたんだい》は，1221年に起こった乱の後に置かれた役所である。この乱を起こした中心人物と，その乱の名称を答えなさい。

中心人物(　後鳥羽上皇《ごとばじょうこう》　)　乱(　承久の乱《じょうきゅうのらん》　)

3 次の問いに答えなさい。

(1)　右の文章は，武士の戦いを記した軍記物の一部である。この物語を何というか答えなさい。また，この物語は，だれによって語り伝えられたか答えなさい。

物語名(　平家物語《へいけものがたり》　)

語り伝えた人(　琵琶法師《びわほうし》　)

祇園精舎《ぎおんしょうじゃ》の鐘《かね》の声，
諸行無常《しょぎょうむじょう》の響《ひび》きあり。
娑羅双樹《しゃらそうじゅ》の花の色，
盛者必衰《じょうしゃひっすい》のことわりをあらわす。
(冒頭の部分)

(2)　次の①～⑥の人物が開いた宗教と，その特徴《とくちょう》に当てはまるものを，あとのア～カとキ～サから一つずつ選び，記号で答えなさい。なお，同じ記号を2度使ってもよい。

①　一遍《いっぺん》(　ア　)，(　ケ　)　②　親鸞《しんらん》(　ウ　)，(　キ　)

③　道元《どうげん》(　エ　)，(　コ　)　④　日蓮《にちれん》(　オ　)，(　サ　)

⑤　法然《ほうねん》(　イ　)，(　ク　)　⑥　栄西《ようさい》《えいさい》(　カ　)，(　コ　)

宗教　ア　時宗《じしゅう》　イ　浄土宗《じょうどしゅう》　ウ　浄土真宗《じょうどしんしゅう》

エ　曹洞宗《そうとうしゅう》　オ　日蓮宗《しゅう》(法華宗《ほっけしゅう》)　カ　臨済宗《りんざいしゅう》

特徴　キ　阿弥陀如来《あみだにょらい》を信じて念仏《ねんぶつ》を唱える

ク　一心に「南無阿弥陀仏《なむあみだぶつ》」と念仏を唱える

ケ　踊念仏《おどりねんぶつ》や，念仏の札《ふだ》　コ　座禅《ざぜん》を組み自力でさとりを開く

サ　「南無妙法蓮華経《なむみょうほうれんげきょう》」と題目《だいもく》を唱える

得点アップ ◉定期テスト対策問題②◉

❶ 右の地図を見て，次の問いに答えなさい。

⑴　地図中のAは，チンギス・ハンによって建設された，ユーラシア大陸の東西にまたがる大帝国《ていこく》である。この帝国名を答えなさい。

（ モンゴル帝国 ）

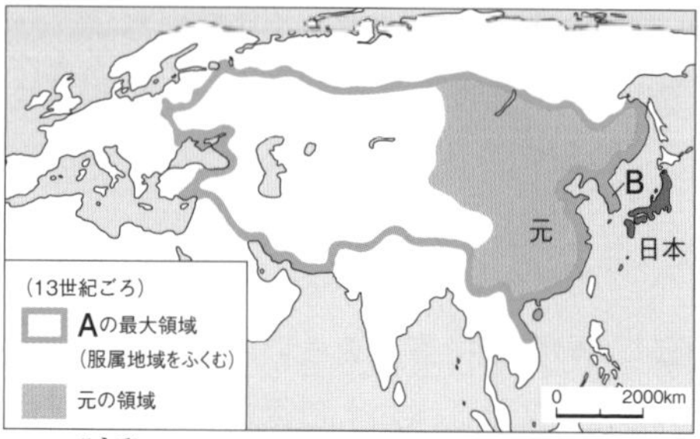

⑵　都を大都《だいと》(北京《ペキン》)に移し，国号《こくごう》を元《げん》と定め，中国《ちゅうごく》を支配した皇帝《こうてい》はだれか答えなさい。

（ フビライ・ハン ）

⑶　⑵の皇帝が従えたBの国名を答えなさい。　（ 高麗《こうらい》 ）

⑷　⑵の皇帝は，日本も従えようと使者を送ってきたが，当時の執権《しっけん》がこれを無視した。この執権の人物名を答えなさい。　（ 北条時宗《ほうじょうときむね》 ）

⑸　元は，⑷により，二度にわたり，日本に襲来《しゅうらい》した。元が日本に襲来したことを何というか答えなさい。　（ 元寇《げんこう》 ）

❷ 次の文を読んで，あとの問いに答えなさい。

1336年に起こった a南北朝《なんぼくちょう》の動乱も，b室町幕府《むろまちばくふ》の第３代将軍足利義満《あしかがよしみつ》によっておさまった。義満が将軍となった後の1368年，c中国では漢《かん》民族による新しい国家が建国された。この新しい国家は，d集団を作って，船をおそい，大陸沿岸地方をあらしていた者の取りしまりを幕府に求めてきた。義満はこの要求に応じるとともに，(①)という証明書を持った船のみを正式な貿易船とする貿易を始めた。この貿易で，日本からは刀や銅，硫黄《いおう》，漆器《しっき》などが輸出され，中国からは(②)，生糸《きいと》，絹織物，書画などが輸入された。

⑴　文中の下線部aについて，吉野《よしの》にのがれた天皇はだれか答えなさい。

（　後醍醐天皇《ごだいごてんのう》　）

(2)　文中の下線部 b について，将軍の補佐《ほさ》役として置かれた役職は何か答えなさい。（　管領《かんれい》　）

(3)　文中の下線部 c の王朝名を答えなさい。（　明《みん》　）

(4)　文中の下線部 d は何と呼ばれていたか答えなさい。（　倭寇《わこう》　）

(5)　文中の（ ① ）に当てはまる語句を答えなさい。（　勘合《かんごう》　）

(6)　文中の（ ② ）の輸入品は，日本国内の商業の発展に大きな役割を果たした。この輸入品は何か答えなさい。（　銅銭　）

3　右の年表を見て，次の問いに答えなさい。

年	主な出来事
1333	鎌倉幕府《かまくらばくふ》がほろびる
1397	足利義満が［A］を建てる
	観阿弥《かんあみ》・［B］親子が a 能《のう》を大成する
1467	［C］が起こる（～77年）
1489	足利義政《よしまさ》が b 銀閣《ぎんかく》を建てる。

(1)　年表中の［A］に当てはまる建物名を答えなさい。（　金閣《きんかく》　）

(2)　年表中の［B］に当てはまる人物名を答えなさい。（　世阿弥《ぜあみ》　）

(3)　年表中の［C］は，将軍のあとつぎ問題をめぐって，有力な守護大名《しゅごだいみょう》が対立したことによって起こったものである。これについて，次の問いに答えなさい。

①　この［C］を何というか答えなさい。（　応仁《おうにん》の乱《らん》　）

②　この対立した有力な守護大名の一方は細川《ほそかわ》氏であるが，もう一方の守護大名を答えなさい。（　山名《やまな》氏　）

③　この［C］以降を何時代というか答えなさい。（　戦国時代《せんごくじだい》　）

(4)　年表中の下線部 a は，ある芸能にほかの芸能の要素を取り入れながら発展してきた。このある芸能とは何か答えなさい。（　猿楽《さるがく》　）

(5)　年表中の下線部 b の敷地《しきち》内にある建物には，寺院の部屋の様式を武士の住居に取り入れた部屋がある。この部屋の建築様式を何というか答えなさい。（　書院造《しょいんづくり》　）

教科書　p.100〜p.113

1 ヨーロッパ人との出会いと全国統一

要点整理

1 中世《ちゅうせい》ヨーロッパとイスラム世界

①中世のヨーロッパ

・古代のローマ帝国《ていこく》の分裂《ぶんれつ》→キリスト教が各地に広まる→人々の考え方や生活に大きな影響《えいきょう》をあたえた→この時代のヨーロッパを中世と呼ぶ

　・正教会《せいきょうかい》：東ヨーロッパのビザンツ帝国と結び付く

　・カトリック教会《きょうかい》：ローマ教皇《きょうこう》を中心→西ヨーロッパ諸国と結び付く

②イスラム世界の拡大／③十字軍

・イスラム帝国：ペルシャから北アフリカまで支配→15世紀にオスマン帝国がビザンツ帝国を征服《せいふく》→再び勢力を拡大

・数学・科学・医学，美術や工芸，建築など豊かな文化を持つ

・聖地エルサレム：11世紀にイスラム教国が支配→ローマ教皇の呼びかけで十字軍《じゅうじぐん》を組織し，エルサレムを何度も攻めるが失敗

2 ルネサンスと宗教改革《しゅうきょうかいかく》

①ルネサンス

・人間のいきいきした姿を文学や美術でえがく→ルネサンス(文芸復興)が開花→14世紀から16世紀にかけイタリアから西ヨーロッパ各地へ

・美術：レオナルド・ダ・ビンチ，ミケランジェロ

②宗教改革／③近世への移り変わり

・教皇が免罪符《めんざいふ》を販売《はんばい》→ルターやカルバンがこれを批判→宗教改革《しゅうきょうかいかく》の開始→聖書が信仰《しんこう》のよりどころ→プロテスタント(抗議《こうぎ》する者)と呼ばれた

・カトリック教会でも改革を開始…その中心はイエズス会

・ルネサンスと宗教改革，大航海時代《だいこうかいじだい》でヨーロッパは近世の時代へ

超重要　1543年に鉄砲《てっぽう》，1549年にキリスト教が日本に伝わった

でる!

❶宗教改革と大航海時代の内容を覚えておこう。❷織田信長《おだのぶなが》の政策は重要だよ。❸「太閤《たいこう》検地」,「刀狩《かたながり》」はよく出る用語だよ。❹桃山文《ももやまぶん》化《か》と南蛮文化《なんばんぶんか》のちがいをおさえておこう。

3 ヨーロッパ世界の拡大

①大航海時代

・カトリック国のポルトガルとスペインが**大航海時代**の先がけ

・**バスコ・ダ・ガマ**の船隊：アフリカ南端《なんたん》を回って，1498年にインドに到《とう》達《たつ》→ポルトガル人は，16世紀に東南アジア海域などで中継《なかつぎ》貿易を開始

・スペインの援助《えんじょ》で，1492年，**コロンブス**はカリブ海《かい》の島に到達

②アメリカ大陸の植民地化

・スペイン人…アメリカ大陸の先住民を武力でたおす→銀鉱山の開発など

・アメリカ大陸はヨーロッパの**植民地《しょくみんち》**に：先住民の激減→ヨーロッパ人は三角貿易を開始→アフリカの人々を奴隷《どれい》としてアメリカ大陸へ

③オランダの台頭

・16世紀に，スペインの援助を受けた**マゼラン**の船隊が世界一周を達成

・スペインから独立したオランダが台頭→ヨーロッパの商業や金融《きんゆう》の中心に

4 ヨーロッパ人との出会い

①鉄砲《てっぽう》の伝来

・1543年，種子島《たねがしま》に漂着《ひょうちゃく》したポルトガル人が**鉄砲**を伝える→戦国大名《だいみょう》が注目，各地に広まる→堺《さかい》，国友《くにとも》などの刀鍛冶《かじ》職人が鉄砲を製作→国産化

・鉄砲の普及《ふきゅう》→戦い方の変化，築城技術の向上→全国統一の動き加速

②キリスト教の伝来と広まり／③南蛮《なんばん》貿易とキリシタン大名

・1549年，イエズス会の宣教師**ザビエル**がキリスト教を伝える

・宣教師が各地で布教活動→民衆の間にキリスト教信仰《しんこう》が広まる

・**南蛮貿易《なんばんぼうえき》**：**南蛮人《なんばんじん》**(ポルトガル人，スペイン人)との貿易

　・日本の輸入品：中国《ちゅうごく》産の生糸《きいと》や絹織物が中心／輸出品：主に銀

・キリシタン大名が布教を認め，南蛮貿易を行う→天正遣欧《てんしょうけんおう》使節

5 織田信長《おだのぶなが》・豊臣秀吉《とよとみひでよし》による統一事業

①織田信長の統一事業

・織田信長：尾張《おわり》(愛知《あいち》県)の戦国大名《だいみょう》→駿河《するが》(静岡《しずおか》県)の今川義元《いまがわよしもと》を桶狭間《おけはざま》の戦いで破り台頭→足利義昭《あしかがよしあき》を援助《えんじょ》し，15代将軍にする

・1573年，信長は義昭を京都《きょうと》から追放→室町幕府《むろまちばくふ》の滅亡《めつぼう》

・1575年，長篠《ながしの》の戦い：鉄砲《てっぽう》を有効に使った戦い方で武田勝頼《たけだかつより》を破る

・５層７階の天守《てんしゅ》を持つ安土《あづち》城(滋賀《しが》県)を中心に，城下町《じょうかまち》を造る

　・安土城下を**楽市《らくいち》・楽座《らくざ》**(商人を招き，座を廃止《はいし》)に，関所を廃止→自由な商工業の発展を図《はか》る

・比叡山延暦寺《ひえいざんえんりゃくじ》，一向一揆《いっこういっき》など仏教勢力を武力で従わせる

②豊臣秀吉の全国統一

・羽柴秀吉《はしばひでよし》(後の**豊臣秀吉**)：本能寺《ほんのうじ》で織田信長を自害させた明智光秀《あけちみつひで》をたおし，後継者《こうけいしゃ》争いに勝利→大阪《おおさか》城を築き本拠地《ほんきょち》にした→天皇から関白《かんぱく》に任命され，全国に停戦を命じた

・全国統一の完成：1587年に，九州《きゅうしゅう》の島津《しまづ》氏を降伏《こうふく》させる→1590年に，関《かん》東《とう》の北条《ほうじょう》氏をほろぼす→信長と秀吉の時代を**安土桃山時代《あづちももやまじだい》**という

③宣教師の追放

・布教活動がスペイン・ポルトガルの軍事力と結び付くことを危険視→秀吉は，宣教師の国外追放を命じる(バテレン追放令)

6 兵農分離《へいのうぶんり》と秀吉の対外政策

①太閤検地《たいこうけんち》と刀狩《かたながり》

・**太閤検地**：全国の田畑の面積，土地のよしあしを調べ，予想される収穫《しゅうかく》量を，全て米の体積である**石高《こくだか》**で表示→武士の領地も石高で示す

　・検地帳《けんちちょう》に登録された農民だけに土

> 諸国の百姓《ひゃくしょう》が刀やわきざし，弓，やり，鉄砲，そのほかの武具などを持つことは，固く禁止する。不必要な武具をたくわえ，年貢《ねんぐ》を納めず，一揆をくわだてたりして，領主に対してよからぬ行為《こうい》をする者がいれば，もちろん処罰《しょばつ》する。

↑刀狩令(部分要約)

超重要 太閤検地と刀狩で兵農分離→近世《きんせい》社会の仕組みが固まる

地の所有権を認める→耕作をやめて土地をはなれることを禁止

・**刀狩**：農民や寺社から武器を取り上げる→武力による一揆《いっき》を防ぐため

・**兵農分離**：検地と刀狩で武士と農民との身分が明確化→武士・百姓《ひゃくしょう》・町《ちょう》人《にん》などの身分に応じた職業で生活する→近世《きんせい》の社会の仕組みが固まる

②朝鮮《ちょうせん》侵略

・京都や長崎《ながさき》などの商人の東南アジアへの渡航《とこう》を奨励《しょうれい》

・1592年，明《みん》の征服《せいふく》を目指し，朝鮮に大軍を派遣《はけん》(**文禄《ぶんろく》の役《えき》**)→救援《きゅうえん》の明軍におしもどされる→民衆の抵抗《ていこう》運動，李舜臣《りしゅんしん》《イスンシン》の水軍の活躍《かつやく》など→講和交渉《こうしょう》

・1597年，講和交渉が失敗→再度出兵(**慶長《けいちょう》の役**)→秀吉の死で撤退《てったい》

・秀吉の朝鮮侵略→武士・農民の負担，大名間の対立→豊臣氏の没落《ぼつらく》へ

7 桃山文化《ももやまぶんか》

①天下統一と豪壮《ごうそう》な文化

・**桃山文化**：大名や豪商《ごうしょう》が権力や富を背景にした豪華《ごうか》な生活を送ったころ栄えた文化

　・壮大な城《しろ》：支配者の権威《けんい》を示す天守→安土城，大阪城

　・**狩野永徳《かのうえいとく》**：はなやかなふすま絵や屏風絵《びょうぶえ》「唐獅子図屏風《からじしずびょうぶ》」

・**茶《ちゃ》の湯《ゆ》**：大名や豪商の交際の手段→質素なわび茶の芸能を**千利休《せんのりきゅう》**が大成

②芸能と生活文化の展開

・小歌の流行，浄瑠璃《じょうるり》が三味線《しゃみせん》に合わせて語られる，出雲《いずも》の阿国《おくに》のかぶきおどり

③南蛮《なんばん》文化

・南蛮貿易により，ヨーロッパの文化・学問・技術が伝わる

・**南蛮文化**：ヨーロッパ文化から影響を受けて成立した芸術や流行の風俗《ふうぞく》

関連用語

十字軍《じゅうじぐん》　イスラム世界で学ばれていた古代ギリシャの哲学《てつがく》や科学を持ち帰り，ルネサンスがおこる要因をもたらした。

楽市・楽座　座の特権のかわりに商工業者が納める税は戦国大名の有力な財源だったが，信長はそれらを廃止して，より多くの商工業者を集め，商工業の発展を図った。

兵農分離政策　秀吉の兵農分離政策は江戸幕府《えどばくふ》に引きつがれ，近世日本の土台を作った。

要点チェック

□キリスト教のうち，分かれて西ヨーロッパ諸国に広がったのは何か。	カトリック(教会《きょうかい》)
□キリスト教のうち，分かれて東ヨーロッパのビザンツ帝国《ていこく》と結び付いたのは何か。	正教会《せいきょうかい》
□カトリック教会の頂点に立ち，大きな権威《けんい》を持っていたのはだれか。	ローマ教皇《きょうこう》
□古代のギリシャ，ローマの文化を手がかりに，人間のいきいきした姿を文学や美術でえがく活動を何と呼ぶか。	ルネサンス(文芸復興)
□教皇が免罪符《めんざいふ》を売り出したことに対し，これを批判したルターやカルバンの行動を何と呼ぶか。	宗教改革《しゅうきょうかいかく》
□信仰《しんこう》の中心を教会の指導ではなく聖書に置いたルターたちは何と呼ばれたか。	プロテスタント
□カトリック教会内部で立て直しを目指し，世界各地で布教活動を行った組織は何か。	イエズス会
□1492年，カリブ海《かい》の島に到達《とうたつ》したのはだれか。	コロンブス
□ヨーロッパ人は大西洋の三角貿易を始め，アフリカの人々を何としてアメリカ大陸に連れて行ったか。	奴隷《どれい》
□世界一周を成しとげた船隊を率いたのはだれか。	マゼラン
□1543年，漂着《ひょうちゃく》した中国《ちゅうごく》人の倭寇《わこう》の船に乗っていたポルトガル人によって種子島《たねがしま》に伝えられたものは何か。	鉄砲《てっぽう》
□1549年，日本にキリスト教を伝えたイエズス会の宣教師はだれか。	ザビエル
□ポルトガル人，スペイン人との貿易を何と呼んだか。	南蛮貿易《なんばんぼうえき》
□尾張《おわり》(愛知《あいち》県)の小さな戦国大名《だいみょう》で，桶狭間《おけはざま》の戦いの勝利から全国統一の事業を進めたのはだれか。	織田信長《おだのぶなが》

□1573年，織田信長が足利義昭《あしかがよしあき》を京都《きょうと》から追放したことによって，ほろぼされた幕府《ばくふ》は何か。	室町《むろまち》幕府
□信長が，商工業を発展させるために安土城下《あづちじょうか》で実施《じっし》した政策は何か。	楽市《らくいち》・楽座《らくざ》
□信長が武力で従わせた，浄土真宗《じょうどしんしゅう》を信仰《しんこう》する集団が起こした一揆《いっき》は何か。	一向一揆《いっこういっき》
□明智光秀《あけちみつひで》をたおし，信長の後継者《こうけいしゃ》になったのはだれか。	羽柴秀吉《はしばひでよし》(豊臣《とよとみ》秀吉《ひでよし》)
□秀吉が本拠地《ほんきょち》として築いた城は何か。	大阪《おおさか》城
□秀吉が関東《かんとう》の北条《ほうじょう》氏をほろぼし，全国統一を完成したのは何年か。	1590年
□秀吉が，全国の田畑の面積，土地のよしあしを調べ，予想される収穫《しゅうかく》量を明確にさせた事業とは何か。	太閤検地《たいこうけんち》
□検地で収穫量を表す，米の体積は何か。	石高《こくだか》
□秀吉が，武力による一揆《いっき》を防ぐために，農民や寺社から武器を取り上げた政策は何か。	刀狩《かたながり》
□検地と刀狩で，武士・百姓《ひゃくしょう》・町人《ちょうにん》などの身分に応じた職業で生活する，近世《きんせい》の社会の仕組みを固めた政策は何か。	兵農分離《へいのうぶんり》
□大名や豪商《ごうしょう》の権力や富を背景とした，16世紀末期の豪華《ごうか》で壮大《そうだい》な文化を何というか。	桃山文化《ももやまぶんか》
□安土城，大阪城などのはなやかなふすま絵や屏風絵《びょうぶえ》をえがいたのはだれか。	狩野永徳《かのうえいとく》
□質素な風情《ふぜい》を工夫《くふう》して楽しむわび茶と呼ばれる芸能を完成したのはだれか。	千利休《せんのりきゅう》
□かぶきおどりを始めたのはだれか。	出雲《いずも》の阿国《おくに》
□16世紀に，ヨーロッパ文化の影響を受けて成立した芸術や風俗《ふうぞく》などを何文化と呼ぶか。	南蛮文化《なんばんぶんか》

2 江戸幕府の成立と対外政策

教科書　p.114〜p.123

要点整理

1 江戸幕府《えどばくふ》の成立と支配の仕組み

①江戸幕府の成立／②幕藩《ばくはん》体制の確立

・関ヶ原《せきがはら》の戦《たたか》い：1600年，**徳川家康《とくがわいえやす》**が石田三成《いしだみつなり》などを破り全国支配の実権をにぎる→1603年，**江戸幕府**の成立→260年余りの戦乱のない**江戸時代《えどじだい》**

・幕府の支配地(**幕領《ばくりょう》**)は，全国の石高《こくだか》の約４分の１→貨幣《かへい》の鋳造権《ちゅうぞうけん》を独占《どくせん》

・大名《だいみょう》：将軍から１万石《ごく》以上の領地をあたえられた武士

・**藩《はん》**：大名の領地とそれを支配する組織

③大名・朝廷《ちょうてい》の統制

・**武家諸法度《ぶけしょはっと》**：大名を統制する法律→**参勤交代《さんきんこうたい》**の制度(**徳川家光《いえみつ》**が制定)

・朝廷の統制→京都所司代《きょうとしょしだい》(朝廷の監視《かんし》)，禁中《きんちゅう》並《ならびに》公家《くげ》中《ちゅう》諸法度

2 さまざまな身分と暮らし

①武士と町人《ちょうにん》

・身分制度：**武士**，**百姓《ひゃくしょう》**，**町人**→武士は名字《みょうじ》・帯刀《たいとう》などの特権，支配身分

・**町人**：名主《なぬし》などの町役人《ちょうやくにん》が自治《じち》→地主《じぬし》・家持《いえもち》に限り町の運営に参加

②村と百姓／③差別された人々

・土地を持つ本百姓《ほんびゃくしょう》と，土地を持たず小作《こさく》を行う水のみ百姓《びゃくしょう》の区別

・村の統制：**五人組**…年貢《ねんぐ》納入や犯罪防止などに連帯責任

・百姓・町人とは別に，えた身分・ひにん身分など→職業を制限，厳しい規制

3 貿易の振興から鎖国《さこく》へ

①積極的な貿易政策

・**朱印船貿易《しゅいんせんぼうえき》**：渡航《とこう》許可の**朱印状《しゅいんじょう》**を持った貿易→東南アジアの各地に**日本《にほん》町《まち》**の形成

超重要　大名統制の武家諸法度に，第3代将軍家光が参勤交代を加える

でる!

❶関ヶ原の戦いの位置づけは大事だよ。❷「参勤交代」,「島原《しまばら》・天《あま》草一揆《くさいっき》」の用語が出るよ。❸江戸時代の身分制度の内容をおさえておこう。❹鎖国《さこく》政策,琉球やアイヌについてもおさえておこう。

②禁教と貿易統制の強化

・キリスト教の信仰《しんこう》の広がり→1612年,キリスト教禁止(禁教令)など

・貿易の制限:家光による朱印船貿易の停止,長崎《ながさき》に**出島**《でじま》を築く

③島原《しまばら》・天草一揆《あまくさいっき》と鎖国《さこく》

・1637年,**島原・天草一揆**が起こる→ポルトガル船の来航禁止,オランダ商館を出島に→幕府による禁教・貿易統制・外交独占《どくせん》の体制(**鎖国**)が完成

4 鎖国《さこく》下の対外関係

①四つの窓口/②オランダ・中国との貿易

・鎖国下の外交窓口…長崎・対馬藩《つしまはん》・薩摩《さつま》藩・松前《まつまえ》藩の4か所に限定

・オランダ・中国とは長崎で貿易→銀の輸出,生糸・絹織物輸入

・オランダとは出島《でじま》で貿易→海外情報の報告を義務付け(オランダ風説書《ふうせつがき》)

③朝鮮《ちょうせん》との交際

・対馬藩:朝鮮との貿易独占→対馬藩を通じて交流→**朝鮮通信使**《ちょうせんつうしんし》

5 琉球《りゅうきゅう》王国やアイヌ民族との関係

①琉球の支配/②アイヌ民族との交易

・琉球王国…独自文化→薩摩藩が征服→琉球王国を通じた貿易で利益

・アイヌ民族:蝦夷地《えぞち》で独自の文化を持つ民族→松前藩が窓口で貿易独占→シャクシャインを中心に松前藩《まつまえはん》と戦う→敗れて松前藩の支配が強化

関連用語

幕藩体制　幕府と藩の力で全国の土地と民衆を支配する制度。

大名　親藩《しんぱん》は将軍家の親戚《しんせき》,譜代《ふだい》大名は関ヶ原の戦い以前から徳川氏に従っていた大名,外様《とざま》大名は関ヶ原の戦い以後に徳川氏に従った大名。

小作　土地を持たない農民が,地主から土地を借りて耕作をし,小作料をはらうこと。

オランダ風説書　幕府がオランダ人に提出を義務付けたもので,ヨーロッパやアジアの情勢を報告させた。

要点チェック

□1600年，徳川家康《とくがわいえやす》が，豊臣秀吉《とよとみひでよし》の子秀頼《ひでより》の政権を守ろうとした石田三成《いしだみつなり》を破った戦いは何か。	関ヶ原《せきがはら》の戦《たたか》い
□家康が征夷大将軍《せいいたいしょうぐん》となり，1603年に成立した幕府《ばくふ》は何か。	江戸《えど》幕府
□幕府が直接支配した土地を何というか。	幕領《ばくりょう》
□幕領と家臣(旗本《はたもと》・御家人《ごけにん》)の領地を合わせると，全国の石高《こくだか》のおよそどれくらいをしめたか。	約４分の１
□将軍から１万石《ごく》以上の領地をあたえられた武士を何というか。	大名《だいみょう》
□大名の領地とそれを支配する組織を何というか。	藩《はん》
□将軍を中心として，幕府と藩が全国の土地と民衆を支配する制度を何というか。	幕藩《ばくはん》体制
□徳川家の一族の大名を何というか。	親藩《しんぱん》
□古くから徳川氏の家臣であった大名を何というか。	譜代《ふだい》大名
□関ヶ原の戦いのころから徳川氏に従うようになった大名を何というか。	外様《とざま》大名
□将軍が任命し，若年寄《わかどしより》の補佐《ほさ》のもとで幕府の政治を行った役職は何か。	老中《ろうじゅう》
□老中の役職の一つで，幕政の監督《かんとく》などを行う役職を何というか。	大目付《おおめつけ》
□大名を統制するために定められた法律は何か。	武家諸法度《ぶけしょはっと》
□大名が１年おきに領地と江戸を往復することとした制度は何か。	参勤交代《さんきんこうたい》
□参勤交代《さんきんこうたい》の制度を定めた第３代将軍はだれか。	徳川家光《いえみつ》
□朝廷《ちょうてい》と西日本の大名を監視《かんし》するために，京都《きょうと》に置かれた役所は何か。	京都所司代《きょうとしょしだい》

□天皇の役割や，朝廷の運営方針などを定めた法律は何か。	禁中《きんちゅう》並《ならびに》公家《くげ》中《ちゅう》諸法度
□江戸時代の人口のおよそ85％をしめた身分は何か。	百姓《ひゃくしょう》
□土地を持たず小作《こさく》を行う百姓を何というか。	水のみ百姓《びゃくしょう》
□犯罪の防止や年貢《ねんぐ》の納入に連帯責任を負わせるため，農村に作られた制度は何か。	五人組
□女性の務めなどの教訓が書かれたもので，江戸時代の寺子屋で教科書として使われたものは何か。	女大学《おんなだいがく》
□皮革《ひかく》業，雪駄《せった》作り，また，役人の下働きなどをして生活していた人々の身分を何というか。	えた身分
□16世紀から17世紀にかけ，貿易のために海外に行く船にあたえられた渡航《とこう》を許可する証書を何というか。	朱印状《しゅいんじょう》
□16世紀から17世紀にかけて，東南アジアに多くの日本人が移住し，そこでできていった町は何か。	日本町《にほんまち》
□キリスト教徒への迫害《はくがい》や厳しい年貢の取り立てに苦しめられた人たちが，1637年に起こした一揆《いっき》は何か。	島原《しまばら》・天草一揆《あまくさいっき》
□オランダ商館が置かれ，江戸時代で唯一《ゆいいつ》ヨーロッパとの窓口となった，長崎《ながさき》の海に築かれた島は何か。	出島《でじま》
□幕府によるキリスト教の禁止・貿易統制・外交独占《どくせん》の体制を何と呼ぶか。	鎖国《さこく》
□オランダ人に提出を義務付けた，ヨーロッパやアジア情勢の報告書を何というか。	オランダ風説書《ふうせつがき》
□将軍の代がわりごとに，その祝賀のために朝鮮《ちょうせん》から派遣《はけん》された使節を何というか。	朝鮮通信使《ちょうせんつうしんし》
□薩摩《さつま》藩に攻《せ》められ服属したが，一方で中国《ちゅうごく》との貿易も行っていた国はどこか。	琉球《りゅうきゅう》王国
□アイヌ民族との交易を独占した松前《まつまえ》藩に対し，取り引きの不満から反乱を起こした中心の首長はだれか。	シャクシャイン

3 産業の発達と幕府政治の動き

教科書　p.124～p.143

要点整理

1 農業や諸産業の発展

①農業の発展

・年貢《ねんぐ》増が目的の開墾《かいこん》，干拓《かんたく》による大きな新田開発《しんでんかいはつ》→農地面積の増大

・農業技術の進歩：備中《びっちゅう》ぐわ…深く耕せる／千歯《せんば》こき…効率的な脱穀《だっこく》など
→商品作物の栽培《さいばい》が可能に：木綿《もめん》や菜種《なたね》など地域の特産物になる

②諸産業の発展

・水産業：いわし漁(九十九里浜《くじゅうくりはま》)など→いわしは肥料(干鰯《ほしか》)に加工

・鉱山…採掘《さいくつ》や精錬《せいれん》技術の進歩→貨幣《かへい》を鋳造《ちゅうぞう》し全国に流通→明《みん》銭が不要
・江戸《えど》や京都《きょうと》に金座・銀座…金貨・銀貨などを送る…寛永通宝《かんえいつうほう》(銅銭《どうせん》)

2 都市の繁栄《はんえい》と交通路の整備

①三都《さんと》の繁栄

・三都：江戸…将軍の城下町《じょうかまち》→「将軍のおひざもと」／大阪…全国の商業の中心地(「天下《てんか》の台所《だいどころ》」)→諸藩《しょはん》の蔵屋敷《くらやしき》／京都：西陣織《にしじんおり》など優《すぐ》れた工芸品

・株仲間《かぶなかま》：商人が幕府《ばくふ》の許可を得て営業を独占《どくせん》した同業者組織

②街道の整備

・五街道《ごかいどう》：江戸と京都を結ぶ東海道《とうかいどう》，中山道《なかせんどう》，甲州道中《こうしゅうどうちゅう》，日光《にっこう》道中，奥州《おうしゅう》道中

・街道には宿場，手紙や荷物を運ぶ飛脚《ひきゃく》，港町，宿場町，門前町《もんぜんまち》

③海運の発達

・海運業：大量の物資を輸送…南海路→大阪《おおさか》と江戸を結ぶ／西廻《にしまわ》り航路《こうろ》，東廻《ひがしまわ》り航路《こうろ》→東北《とうほく》，北陸《ほくりく》地方の年貢米《ねんぐまい》を運ぶ

3 幕府政治の安定と元禄文化《げんろくぶんか》

①綱吉《つなよし》の政治と正徳《しょうとく》の治《ち》

超重要 徳川吉宗《よしむね》の享保《きょうほう》の改革《かいかく》，松平定信《まつだいらさだのぶ》の寛政《かんせい》の改革《かいかく》

でる!

❶三都の都市名とその特徴《とくちょう》を覚えておこう。❷政治改革にたずさわった重要人物の名前がよく出るよ。❸享保・寛政《かんせい》・天保《てんぽう》の改革の内容は重要だよ。❹元禄文化と化政文化《かせいぶんか》のちがいをおさえておこう。

・第５代将軍徳川綱吉《とくがわつなよし》：朱子学《しゅしがく》（主従関係を重視）を奨励《しょうれい》，動物愛護政策

・正徳の治：儒学《じゅがく》者の新井白石《あらいはくせき》の意見が政治に取り入れられた

②元禄文化《げんろくぶんか》

・元禄文化：都市の繁栄を背景に，上方《かみがた》の町人《ちょうにん》を担《にな》い手とする新しい文化

　・文学など：井原西鶴《いはらさいかく》…武士や町人の生活を基《もと》に浮世草子《うきよぞうし》（小説）／人形《にんぎょう》浄瑠璃《じょうるり》の脚本《きゃくほん》を書いた近松門左衛門《ちかまつもんざえもん》／歌舞伎《かぶき》の発達／俳諧《はいかい》…松尾芭蕉《まつおばしょう》

　・絵画：尾形光琳《おがたこうりん》…大和絵《やまとえ》の伝統を生かした装飾画《そうしょくが》を完成／菱川師宣《ひしかわもろのぶ》…町人の暮らしをえがいた浮世絵《うきよえ》（見返り美人図など）

・学問…水戸藩主《みとはんしゅ》の徳川光圀《みつくに》が「大日本史」を編集

4 享保《きょうほう》の改革と社会の変化

①享保の改革

・享保の改革：幕府財政の再建のための第８代将軍徳川吉宗《よしむね》による改革

上《あ》げ米《まい》の制…参勤交代《さんきんこうたい》をゆるめるかわりに米を納めさせる／人材登用，新田開発／公事方御定書《くじかたおさだめがき》…裁判の基準を定めた法律／目安箱《めやすばこ》の設置など

②産業の変化と工業の発達

・家内《かない》工業→問屋《といや》制家内工業→工場制手工業（マニュファクチュア）

③農村の変化と百姓一揆《ひゃくしょういっき》

・農業の発達と農村の変化…農具，肥料の購入《こうにゅう》など→貨幣経済／土地を手放し小作人《こさくにん》や都市への出かせぎ→土地を買い集め地主《じぬし》となる者が現れる

・百姓一揆や打《う》ちこわしが増加

5 田沼意次《たぬまおきつぐ》の政治と寛政《かんせい》の改革

①田沼意次の時代

・老中《ろうじゅう》田沼意次《たぬまおきつぐ》の政治：商工業者の力を利用した幕府財政の再建

　・株仲間《かぶなかま》を作ることをすすめる→特権をあたえるかわりに営業税を徴収《ちょうしゅう》

・天明《てんめい》のききんと浅間山《あさまやま》の大噴火《ふんか》などでの凶作《きょうさく》→百姓一揆《ひゃくしょういっき》など→意次失脚《しっきゃく》

②寛政《かんせい》の改革／③ロシアの接近

・寛政の改革：老中松平定信《ろうじゅうまつだいらさだのぶ》が行った改革…江戸《えど》に出てきた農民を故郷に帰す／商品作物の栽培《さいばい》の制限／湯島《ゆしま》に昌平坂学問所《しょうへいざかがくもんじょ》を創る→朱子学《しゅしがく》以外の学問を教えることを禁止／倹約《けんやく》令，出版の統制→反発

・藩札《はんさつ》の発行，家臣の俸禄《ほうろく》を減らす→藩政《はんせい》改革で，特産物の奨励《しょうれい》と専売制

・ロシアの接近：ロシア使節がたびたび来航…1792年，ラクスマンが根室《ねむろ》に来航→1804年，レザノフが長崎《ながさき》に来航→幕府《ばくふ》は通商の要求を拒否《きょひ》

6 新しい学問と化政《かせい》文化

①国学《こくがく》と蘭学《らんがく》

・国学：本居宣長《もとおりのりなが》が「古事記伝《こじきでん》」を著《あらわ》し大成→幕末《ばくまつ》の尊王攘夷《そんのうじょうい》運動に影響《えいきょう》

・蘭学：オランダ語でヨーロッパの学問や文化を学ぶ…杉田玄白《すぎたげんぱく》らがヨーロッパの解剖書《かいぼうしょ》を翻訳《ほんやく》し「解体新書《かいたいしんしょ》」を出版／伊能忠敬《いのうただたか》→正確な日本地図を制作

②化政文化

・化政文化：文化・文政《ぶんせい》年間に，江戸を中心に，庶民《しょみん》を担《にな》い手とする文化

  ・浮世絵《うきよえ》：多色刷りの版画（錦絵《にしきえ》）が流行…役者絵の東洲斎写楽《とうしゅうさいしゃらく》，美人画の喜多川歌麿《きたがわうたまろ》，風景画の葛飾北斎《かつしかほくさい》（「富嶽三十六景《ふがくさんじゅうろっけい》」）や歌川広重《うたがわひろしげ》

  ・文学：川柳《せんりゅう》や狂歌《きょうか》／十返舎一九《じっぺんしゃいっく》（「東海道中膝栗毛《とうかいどうちゅうひざくりげ》」），曲亭《きょくてい》（滝沢《たきざわ》）馬琴《ばきん》（「南総里見八犬伝《なんそうさとみはっけんでん》」）／俳諧《はいかい》（俳句《はいく》）：絵画的表現の与謝蕪村《よさぶそん》，小林一茶《こばやしいっさ》

③教育の広がり

・藩校《はんこう》：藩が武士に学問や武道を教え，人材の育成を図《はか》る

・寺子屋《てらこや》：庶民《しょみん》に「読み・書き・そろばん」など実用的知識や技能を教えた

7 外国船の出現と天保《てんぽう》の改革

①異国船打払令《いこくせんうちはらいれい》と大塩《おおしお》の乱《らん》／②天保の改革

・諸外国の船が日本に接近→フェートン号事件→1825年，異国船打払令

・モリソン号事件→渡辺崋山《わたなべかざん》・高野長英《たかのちょうえい》が幕府を批判《ひはん》し処罰《しょばつ》（蛮社《ばんしゃ》の獄《ごく》）

超重要 元禄文化《げんろくぶんか》は上方《かみがた》の町人，化政文化は江戸の庶民が担い手

・天保のききん→元大阪町《おおさかまち》奉行所《ぶぎょうしょ》役人の**大塩平八郎**《おおしおへいはちろう》が反乱(**大塩の乱**)

・**天保の改革**：老中**水野忠邦**《みずのただくに》の改革…厳しい倹約令／風俗《ふうぞく》や政治批判の取りしまり／株仲間《かぶなかま》の解散など→海防の強化→大名《だいみょう》・旗本《はたもと》が反対→失脚《しっきゃく》

③雄藩《ゆうはん》の成長

・特産物専売制の強化，有能な藩士の登用→薩摩《さつま》藩・長州《ちょうしゅう》藩・佐賀(肥前《ひぜん》)藩など→雄藩と呼ばれ，幕府の政治に関わりを持つようになった

資料から発見！ 浮世絵から近世の人々の生活や意識をとらえよう (教科書) p.138〜139

①浮世絵とは？／②浮世絵にえがかれたものは？

・「浮世」をえがいたもの→多色刷りではなやかな「錦絵」へ

・役者・評判の美人，各地の名所・花火，政治風刺《ふうし》など

③西洋画にも影響《えいきょう》をあたえた？

・ゴッホ，モネ，ドガなど印象派画家に影響→ジャポニズム

もっと歴史 アイヌ文化とその継承《けいしょう》 (教科書) p.140〜141

①アイヌ文化の成立／②アイヌ文化の展開

・狩り採集による生活→神(カムイ)を敬う→イオマンテ(熊送り)の儀式《ぎしき》

・文字を持たない→アイヌ語の叙事詩《じょじし》(ユカㇻ)，アイヌ文様や入れ墨《ずみ》

③アイヌ文化を継承する動き

・アイヌ文化否定し同化政策→1923年知里幸恵《ちりゆきえ》が「アイヌ神謡《しんよう》集」を出版

地域の歴史を調べよう③ 会津藩《あいづはん》の政治と産業 (教科書) p.142〜143

◆会津藩の政治と産業

・若松城・福島県立博物館の見学や漆器《しっき》店での聞き取り調査をして江戸時代の地域の政治や産業の歴史を調べる

関連用語

寛永通宝《かんえいつうほう》　幕末《ばくまつ》まで鋳造《ちゅうぞう》された，江戸時代を通じて広く流通した銅銭。

蔵屋敷《くらやしき》　藩が年貢米《ねんぐまい》や特産物を販売《はんばい》するために大阪などに置いた倉庫を備えた邸宅《ていたく》。

問屋制家内工業《といやせいかないこうぎょう》　問屋が農民に織機《しょっき》やお金を前貸しして布を織らせ，製品を安く買い取る仕組み。

「解体新書」　杉田玄白らが，ヨーロッパの解剖書《かいぼうしょ》を翻訳した，日本最初の西洋医学書。

要点チェック

□荒地《あれち》の開墾《かいこん》や，海や沼地《ぬまち》の干拓《かんたく》によって新たに生み出された耕地を何というか。
新田《しんでん》

□深く耕せることから，全国に広まった農具は何か。
備中《びっちゅう》ぐわ

□江戸《えど》時代に幕府が製造し，全国に流通させた銅銭《どうせん》は何か。
寛永通宝《かんえいつうほう》

□17世紀後半に，江戸・大阪・京都《きょうと》の三つの都市が大きく発展した。これらの都市をまとめて何と呼ぶか。
三都《さんと》

□全国の商業の中心地で,「天下《てんか》の台所《だいどころ》」と呼ばれた都市はどこか。
大阪

□諸藩《しょはん》が年貢《ねんぐ》米や特産物を売りさばくために，大阪や江戸などに設けた倉庫を備えた邸宅《ていたく》は何か。
蔵屋敷《くらやしき》

□都市で，商人たちが幕府《ばくふ》に税を納めるかわりに，営業を独占《どくせん》した同業者組織は何か。
株仲間《かぶなかま》

□南海路で，17世紀の中ごろから，酒以外の品物を運んでいた船は何か。
菱垣廻船《ひがきかいせん》

□大阪と江戸の間で，酒を定期的に運んだ船は何か。
樽廻船《たるかいせん》

□北前船《きたまえぶね》が往復し，こんぶやにしんなどの蝦夷地《えぞち》(北海道)の産物が運ばれた航路は何航路か。
西廻《にしまわ》り航路《こうろ》

□儒学《じゅがく》の中で，特に主従関係を重視する学問は何か。
朱子学《しゅしがく》

□儒学を奨励《しょうれい》し，極端《きょくたん》な動物愛護政策を採った将軍はだれか。
徳川綱吉《とくがわつなよし》

□上方《かみがた》で栄えた，経済力を持った町人《ちょうにん》を担《にな》い手とする文化は何か。
元禄文化《げんろくぶんか》

□武士や町人の生活を基《もと》に浮世草子《うきよぞうし》を書いたのはだれか。
井原西鶴《いはらさいかく》

□数多くの人形浄瑠璃《にんぎょうじょうるり》の脚本《きゃくほん》を書いたのはだれか。
近松門左衛門《ちかまつもんざえもん》

□俳諧《はいかい》に自己の内面を表現する新しい作風を示したのはだれか。
松尾芭蕉《まつおばしょう》

□18世紀初めに，徳川吉宗《とくがわよしむね》によって行われた上《あ》げ米《まい》の制などの幕府の改革を何と呼ぶか。
享保《きょうほう》の改革《かいかく》

□徳川吉宗が制定した，裁判の基準となる法律は何か。
公事方御定書《くじかたおさだめがき》

□大商人や地主によって工場が建設され，人を雇《やと》って分業で製品を作る仕組みを何というか。
工場制手工業《こうじょうせいしゅこうぎょう》(マニュファクチュア)

□米を買いしめた商人などに対して行われた庶民《しょみん》の実力行動を何というか。
打《う》ちこわし

□18世紀後半，商工業者の力を利用して幕府財政を再建しようとした老中《ろうじゅう》はだれか。
田沼意次《たぬまおきつぐ》

□18世紀末に，寛政《かんせい》の改革《かいかく》を行った幕府の老中はだれか。
松平定信《まつだいらさだのぶ》

□日本人のものの考え方を明らかにしようとした学問とは何か。
国学《こくがく》

□「古事記伝《こじきでん》」を著《あらわ》し，国学を大成した人物はだれか。
本居宣長《もとおりのりなが》

□オランダ語でヨーロッパの学問や文化を学ぶ学問とは何か。
蘭学《らんがく》

□杉田玄白《すぎたげんぱく》らが翻訳《ほんやく》した医学書名は何か。
「解体新書《かいたいしんしょ》」

□全国を測量し，正確な日本地図を作ったのはだれか。
伊能忠敬《いのうただたか》

□江戸を中心とした，庶民《しょみん》を担《にな》い手とする文化は何か。
化政文化《かせいぶんか》

□「富嶽三十六景《ふがくさんじゅうろっけい》」などの風景画で知られる浮世絵《うきよえ》画家はだれか。
葛飾北斎《かつしかほくさい》

□絵画的な俳句《はいく》を残したのはだれか。
与謝蕪村《よさぶそん》

□実用的な知識や技能を教えた庶民の教育機関は何か。
寺子屋《てらこや》

□幕府が外国船の撃退《げきたい》を命じた法令は何か。
異国船打払令《いこくせんうちはらいれい》

□大阪で反乱《はんらん》を起こし，幕府に大きな衝撃《しょうげき》をあたえた元大阪町奉行所《おおさかまちぶぎょうしょ》役人はだれか。
大塩平八郎《おおしおへいはちろう》

□天保《てんぽう》の改革《かいかく》を進めた老中はだれか。
水野忠邦《みずのただくに》

得点アップ

◉定期テスト対策問題①◉

❶ 次の文を読んで，あとの問いに答えなさい。

中世《ちゅうせい》のヨーロッパでは(①)教が，人々の考え方や生活に影響《えいきょう》をあたえていた。11世紀に(①)教の聖地であるエルサレムが(②)教勢力にうばわれると，(①)教世界の危機感が高まり，(③)の呼びかけによって(④)が編成され，エルサレムを目指した。何回かにわたるこの遠征で，ヨーロッパは，忘れられていた古代ギリシャの哲学などを知ることになった。そして，14世紀から16世紀ごろ，aギリシャやローマの古代文明を手がかりとして，新しい人間についての考え方や姿を文学や美術でえがき始めた。その中で地理学や航海術が発達し，b大航海時代が始まった。ヨーロッパの国々がアジアへ進出するなか，中国《ちゅうごく》人の倭寇《わこう》の船が(⑤)に漂着《ひょうちゃく》し，この船に乗っていたポルトガル人が(⑥)を伝えた。(⑥)は戦国大名《だいみょう》に注目されて広まった。1549年には，c(⑦)に所属する宣教師の(⑧)が鹿児島《かごしま》に上陸し，(①)教を伝えた。こうして，日本とヨーロッパの国々との交流が始まった。当時，スペイン人やポルトガル人を(⑨)人と呼んだことから，彼らとの貿易は(⑨)貿易と呼ばれた。

(1) 文中の(①)～(⑨)に当てはまる語句を答えなさい。

①(キリスト) ②(イスラム) ③(ローマ教皇《きょうこう》)
④(十字軍《じゅうじぐん》) ⑤(種子島《たねがしま》) ⑥(鉄砲《てっぽう》)
⑦(イエズス会) ⑧(ザビエル) ⑨(南蛮《なんばん》)

(2) 文中の下線部aについて，この動きを何と呼ぶか答えなさい。

(ルネサンス(文芸復興))

(3) 文中の下線部bについて，1492年に大西洋を横断し，カリブ海《かい》の島に到達《とうたつ》した人物はだれか答えなさい。 (コロンブス)

(4) 文中の下線部cについて，(⑦)が作られる背景となったカトリック教会批判の動きを何と呼び，それを始めたドイツ人はだれかをそれぞれ答えなさい。 動き(宗教改革《しゅうきょうかいかく》) 人物名(ルター)

2 右の年表を見て，次の問いに答えなさい。

年	主な出来事
1560	織田信長が［①］を桶狭間《おけはざま》で破る
1573	信長が［②］をほろぼす
1575	信長が武田《たけだ》氏を［③］で破る
1576	信長が 安土城の築城に着手する…A
1577	信長が安土城下を［④］とする
1580	信長が石山本願寺《いしやまほんがんじ》を降伏《こうふく》させる
1582	信長が［⑤］にそむかれ，自害する 羽柴《はしば》秀吉は，ますなどを統一し，［⑥］を実施《じっし》する
1587	秀吉が宣教師を国外に追放する…B
1588	秀吉が［⑦］令を出す
1590	秀吉が全国を統一する
1592	秀吉が朝鮮《ちょうせん》に出兵する（文禄《ぶんろく》の役《えき》）…C
1597	秀吉が再度，朝鮮に出兵する（慶長《けいちょう》の役《えき》）

(1) 年表中の［①］，［⑤］に当てはまる人物名を答えなさい。

①（ 今川義元《いまがわよしもと》 ）
⑤（ 明智光秀《あけちみつひで》 ）

(2) 年表中の［②］に当てはまる幕府《ばくふ》名を答えなさい。また，その幕府の最後の将軍名も答えなさい。

幕府（ 室町《むろまち》幕府 ）
将軍（ 足利義昭《あしかがよしあき》 ）

(3) 年表中の［③］は，織田信《おだのぶ》長《なが》が鉄砲《てっぽう》を有効に使った戦いであった。この戦いを何というか答えなさい。（ 長篠《ながしの》の戦い ）

(4) 年表中の［④］は，信長が城下に商人を招き，座《ざ》を廃止《はいし》して，自由な商工業の発展を図《はか》った政策である。この政策を何というか答えなさい。
（ 楽市《らくいち》・楽座《らくざ》 ）

(5) 豊臣秀吉《とよとみひでよし》は，年表中の［⑥］，［⑦］の政策により，身分の区別を明確にした。この政策名を答え，また，これらの政策の目的を漢字4字で答えなさい。

⑥（ 太閤検地《たいこうけんち》 ） ⑦（ 刀狩《かたながり》 ） 目的（ 兵農分離《へいのうぶんり》 ）

(6) 年表中のAに関して，安土《あづち》城は，5層7階の日本初の本格的な何を持つ城であったか答えなさい。（ 天守《てんしゅ》 ）

(7) 年表中のBは，ある都市がイエズス会に寄進されたことがきっかけで，秀吉が命じたものである。この都市名を答えなさい。（ 長崎《ながさき》 ）

(8) 年表中のCは，秀吉がある国の征服《せいふく》を目指して，行われたものである。この国とはどこか答えなさい。（ 明《みん》 ）

得点アップ

◉定期テスト対策問題②◉

1 右の図や資料を見て，次の問いに答えなさい。

⑴　老中《ろうじゅう》は，将軍によって任命されたが，老中の役職につくことが原則できた大名《だいみょう》を，次の**ア**～**ウ**から選び，記号で答えなさい。

ア　親藩《しんぱん》　　**イ**　外様《とざま》大名

ウ　譜代《ふだい》大名　　（　ウ　）

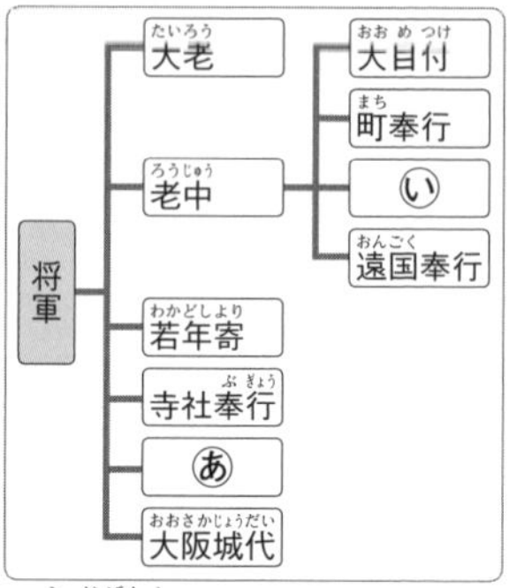

江戸幕府《えどばくふ》の仕組み

⑵　老中を補佐《ほさ》する役職を，図中から選び，その役職名を答えなさい。（　若年寄《わかどしより》　）

⑶　図中のあは，朝廷《ちょうてい》と西日本の大名を監視《かんし》するために設けられた役職である。このあの役職名を，次の**ア**～**ウ**から選び，記号で答えなさい。

ア　鎌倉府《かまくらふ》　　**イ**　京都所司代《きょうとしょしだい》　　**ウ**　六波羅探題《ろくはらたんだい》　　（　イ　）

⑷　図中のいは，幕府の財政を扱う役職であるが，その役職名を答えなさい。　　（　勘定《かんじょう》奉行　）

⑸　右の資料うは，江戸幕府《えどばくふ》が大名統制のために定めた法律の一部である。この法律名を答えなさい。

（　武家諸法度《ぶけしょはっと》　）

⑹　天皇の役割や，朝廷の運営方針を定めた法律名を答えなさい。

（　禁中並公家中諸法度《きんちゅうならびにくげちゅうしょはっと》　）

> う（1615年）
>
> 一　学問と武道にひたすら精を出すようにしなさい。
>
> 一　諸国の城は，修理する場合であっても，必ず幕府に申し出ること。新しい城を造ることは厳しく禁止する。
>
> 一　幕府の許可なく，結婚《けっこん》をしてはならない。　（部分要約）

⑺　第３代将軍によって，大名は１年おきに領地と江戸を往復することと定められた。この領地と江戸を往復する制度を何というか答えなさい。また，この制度を定めた第３代将軍名も答えなさい。

制度（　参勤交代《さんきんこうたい》　）　将軍（　徳川家光《いえみつ》　）

2 右の年表を見て，次の問いに答えなさい。

年	主な出来事
1612	徳川家康が幕領《ばくりょう》に①禁止令を出す
1616	ヨーロッパ船の来航地を②・平戸《ひらど》に制限
1623	③が平戸の商館を閉じる
1624	④船の来航禁止
1635	外国船の来航，貿易地を②・平戸に限る
	日本人の海外渡航・⑤を禁止
1637	⑥が起きる
1639	⑦船の来航禁止
1641	平戸の⑧商館を②のa人工島に移す
	このころから⑧人にb報告書を出させる
	ようになる

(1) 年表中の①に当てはまる語句を答えなさい。
(キリスト教)

(2) 年表中の②に当てはまる地名を，次のア～ウから選び，記号で答えなさい。

ア 鹿児島《かごしま》　イ 堺《さかい》
ウ 長崎《ながさき》

(ウ)

(3) 年表中の③，④，⑦，⑧に当てはまる国名を，次のア～オから選び，記号で答えなさい。

ア イギリス　イ オランダ　ウ スペイン
エ フランス　オ ポルトガル

③(ア) ④(ウ) ⑦(オ) ⑧(イ)

(4) 年表中の⑤に当てはまる語句を答えなさい。 (帰国)

(5) 年表中の⑥は，キリスト教徒への迫害《はくがい》や，重い年貢《ねんぐ》の取り立てに苦しんでいた九州《きゅうしゅう》地方などの人々が起こした一揆《いっき》である。この一揆を何というか答えなさい。 (島原《しまばら》・天草《あまくさ》一揆)

(6) 年表中の下線部aは，②の海に築かれたものである。この島の名称《めいしょう》を答えなさい。 (出島《でじま》)

(7) 年表中の下線部bの報告書とは，⑧人に，ヨーロッパやアジアの情勢を報告させるために，提出することを義務付けたものである。これを何というか答えなさい。

(オランダ風説書《ふうせつがき》)

得点アップ　◉定期テスト対策問題③◉

1　右の地図を見て，次の問いに答えなさい。

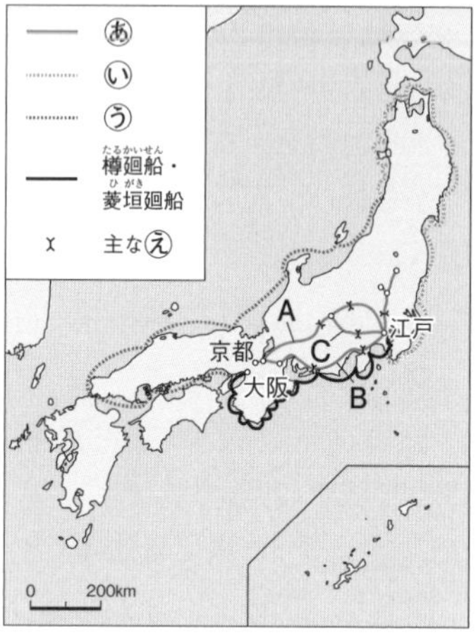

(1)　右の地図中の(あ)について，次の問いに答えなさい。

①　(あ)は，江戸《えど》から京都《きょうと》などに向かう主な街道《かいどう》である。この(あ)を何というか答えなさい。　（　五街道《ごかいどう》　）

②　(あ)のうち，地図中の**A**～**C**に当てはまる街道名を，次の**ア**～**エ**から選び，記号で答えなさい。

ア　奥州道中《おうしゅうどうちゅう》　　**イ**　甲州《こうしゅう》道中

ウ　東海道《とうかいどう》　　**エ**　中山道《なかせんどう》

オ　日光《にっこう》道中

A（　エ　）　B（　ウ　）　C（　イ　）

(2)　地図中の(い)，(う)は，東北《とうほく》地方や北陸《ほくりく》地方の年貢米《ねんぐまい》を大阪《おおさか》や江戸に運送するための航路である。(い)，(う)に当てはまる航路名を答えなさい。

(い)（　東廻《ひがしまわ》り航路《こうろ》　）　(う)（　西廻《にしまわ》り航路《こうろ》　）

(3)　17世紀中ごろから，大阪と江戸の間を酒などを運ぶ船が定期的に往復するようになった。この船を何というか，地図中から探して答えなさい。

（　樽廻船《たるかいせん》　）

(4)　地図中の(え)は，箱根《はこね》や碓氷《うすい》などに設けられ，人々の通行や荷物の運送を監視《かんし》していた。この(え)を何というか答えなさい。　（　関所《せきしょ》　）

(5)　地図中の江戸，大阪，京都について，次の問いに答えなさい。

①　江戸・大阪・京都の三つの都市をまとめて何と呼ぶか答えなさい。

（　三都《さんと》　）

②　将軍の城下町《じょうかまち》で，「将軍のおひざもと」といわれた都市はどこか答えなさい。　（　江戸　）

③　全国の商業の中心であった大阪は，何と呼ばれていたか答えなさい。
（　天下《てんか》の台所《だいどころ》　）

2　幕府《ばくふ》の政治改革について，次の問いに答えなさい。

(1)　第８代将軍徳川吉宗《とくがわよしむね》が行った改革について，次の問いに答えなさい。

①　吉宗の行った改革を何というか答えなさい。　（　享保《きょうほう》の改革《かいかく》　）

②　吉宗が定めた裁判の基準となる法律名を答えなさい。
（　公事方御定書《くじかたおさだめがき》　）

(2)　老中松平定信《ろうじゅうまつだいらさだのぶ》が，祖父吉宗の政治を理想として行った改革を何というか答えなさい。　（　寛政《かんせい》の改革《かいかく》　）

(3)　天保《てんぽう》の改革について，次の問いに答えなさい。

①　天保の改革を始めたのは老中のだれか答えなさい。
（　水野忠邦《みずのただくに》　）

②　アヘン戦争で清《しん》がイギリスに敗れたことを知ると，①の老中は幕府のある命令を取りやめた。それは何か答えなさい。（　異国船打払令《いこくせんうちはらいれい》　）

3　次の①～⑧の文について，桃山《ももやま》文化については「桃」，元禄《げんろく》文化については「元」，化政《かせい》文化については「化」を入れて答えなさい。

①　狩野永徳《かのうえいとく》などによって，ふすまや屏風《びょうぶ》，天井にあざやかな絵がえがかれた。　（　桃　）

②　尾形光琳《おがたこうりん》が，大和絵《やまとえ》の伝統を生かした新しい装飾画《そうしょくが》をえがいた。（　元　）

③　葛飾北斎《かつしかほくさい》や歌川広重《うたがわひろしげ》は，風景画で優《すぐ》れた浮世絵を残した。　（　化　）

④　千利休《せんのりきゅう》は，わび茶の作法を完成させた。　（　桃　）

⑤　出雲《いずも》の阿国《おくに》が始めたかぶきおどりが人気を集めた。　（　桃　）

⑥　俳諧《はいかい》では，与謝蕪村《よさぶそん》が絵画的な表現をした。　（　化　）

⑦　井原西鶴《いはらさいかく》は，武士や町人《ちょうにん》の生活を基《もと》にした浮世草子《うきよぞうし》を書いた。
（　元　）

⑧　歌舞伎《かぶき》が演劇として発達し，坂田藤十郎《さかたとうじゅうろう》などが活躍《かつやく》した。　（　元　）

1 欧米における近代化の進展

教科書 p.150〜p.159

要点整理

1 イギリスとアメリカの革命

①近世ヨーロッパの動向

・17世紀はオランダが栄える→18世紀，イギリスとフランスが戦争

・啓蒙《けいもう》思想…ロック，モンテスキュー，ルソーら，国王の権力制限と人民の政治参加を提唱→イギリス・フランス・アメリカなどの革命を後おし

②イギリス革命

・国王の専制政治→国王を処刑《しょけい》して共和政を開始(ピューリタン革命《かくめい》)

・1688〜89年の名誉《めいよ》革命で議会を尊重する新しい王を選ぶ→「権利章典」を公布→世界初の立憲君主制と議会政治

③アメリカの独立革命

・イギリスが北アメリカの植民地に新しい課税→反対運動を弾圧《だんあつ》→独立戦争が開始→1776年，独立宣言《どくりつせんげん》を発表→フランスなどの支援《しえん》で勝利

・合衆国憲法：人民主権，三権分立→初代大統領にワシントン

2 フランス革命

①フランス革命の始まり／②ナポレオンの時代

・絶対王政《ぜったいおうせい》…国王が政治権力の全てをにぎり，議会を開かず国を治める

・フランス革命…1789年，国王が第一身分(聖職者)と第二身分(貴族)への課税のための議会(三部会)を開催→フランス革命が始まる

・人権宣言…自由と平等，国民主権，私有財産の不可侵《ふかしん》などを唱えた宣言

・王の退位と処刑→共和政の開始→不安定な政治→ナポレオンが権力→革命の終結を宣言し，1804年皇帝の位に就く→民法(ナポレオン法典)を定める→イギリスの支配に失敗→1815年にナポレオン帝国が終わる

超重要 啓蒙思想がアメリカ独立宣言，フランス人権宣言に影響《えいきょう》をあたえた

でる!

❶ヨーロッパの革命，アメリカ独立革命をおさえておこう。ロック，モンテスキュー，ルソーの啓蒙思想は重要だよ。❷産業革命と資本主義の発達と社会主義の広がりの関係をおさえよう。

3 ヨーロッパにおける国民意識の高まり

①「国民」の登場／②ヨーロッパと中南米諸国の動向

・フランス革命→「国民」意識高まり，世界発の男子の普通《ふつう》選挙確立

・イギリス…19世紀半ばにロンドンは世界最大の都市→政党政治発達

・ドイツ…ビスマルクの指導で1871年ドイツ統一→イギリスに次ぐ強国

・中南アメリカ…メキシコ，ブラジル，アルゼンチンなど多くの国が独立

4 ロシアの拡大とアメリカの発展

①ロシアの拡大

・南下政策《なんかせいさく》：黒海《こっかい》に進出→フランスやイギリスと戦争（クリミア戦争）

　・中国東北部など→日本と衝突《しょうとつ》

②アメリカ合衆国の発展／③南北戦争

・アメリカ…1861年，南北戦争《なんぼくせんそう》→リンカン大統領の下《もと》で北部が勝利

5 産業革命《さんぎょうかくめい》と資本主義《しほんしゅぎ》

①産業革命／②資本主義の発展と社会問題／③社会主義の広がり

・18世紀後半のイギリス…蒸気機関で動く機械の使用を開始→綿織物生産

・産業革命：工場での機械生産の技術の向上による経済の仕組みの変化

・資本主義《しほんしゅぎ》…資本家が労働者を雇《やと》って利益の拡大を目的にする経済の仕組み→資本主義の拡大→労働者が団結して労働組合結成→社会主義《しゃかいしゅぎ》へ

関連用語

啓蒙《けいもう》思想　18世紀のヨーロッパに広まった理性を重視し，迷信や偏見《へんけん》などの非合理なものを打ち破ろうとする考え方。イギリスのロック，フランスのモンテスキューやルソーが代表的な思想家。

絶対王政《ぜったいおうせい》　国王が常備軍と官僚《かんりょう》制に基《もと》づいて，強力に国家の統一を進め，絶対的な権力をにぎった王政。ヨーロッパで行われ，フランスのルイ14世の政治は代表的である。

要点チェック

□ロック，モンテスキュー，ルソーなどが唱えた思想を何というか。	啓蒙《けいもう》思想
□ロックが唱えた「社会はそもそも個人の契約で成り立っている」という考えを何というか。	社会契約《けいやく》説
□モンテスキューが主張した，権利がみだりに用いられることを防ぐため，政治権力を分散すべきだとする説を何というか。	三権分立
□ルソーが主張したのは，社会契約説と何か。	人民主権
□1640年，専制政治を行っていた国王と議会との間の内戦から始まったイギリスの市民革命は何か。	ピューリタン革命《かくめい》
□国王が専制を行ったため追放し，議会を尊重する国王を選んだ，イギリスで起きた市民革命は何か。	名誉《めいよ》革命《かくめい》
□国王の権力を制限する形で議会の権利を確認《かくにん》したもので，一種の憲法として，現在もイギリスで受けつがれているものは何か。	「権利章典《けんりしょうてん》」
□イギリスの植民地であった北アメリカが，独立戦争を始め，1776年に発表した宣言は何か。	独立宣言《どくりつせんげん》
□アメリカ合衆国《がっしゅうこく》憲法の柱は，人民主権と何か。	三権分立
□アメリカ合衆国の初代大統領はだれか。	ワシントン
□国王が官僚《かんりょう》制と常備軍を基《もと》に，絶対的な権力を持つ体制を何というか。	絶対王政《ぜったいおうせい》
□フランス革命で，1789年に出された，人間としての自由と平等，国民主権，私有財産の不可侵《ふかしん》などをうたった宣言は何か。	人権宣言《じんけんせんげん》
□フランス革命の混乱をおさめ，皇帝《こうてい》の位に就《つ》いて，ヨーロッパを政治的に支配した人物はだれか。	ナポレオン

□ヨーロッパ各国が，フランス革命前の君主を復位させ，平和を維持すると同時に革命運動を弾圧《だんあつ》することを決めた会議は何か。	ウィーン会議
□世界初の万国《ばんこく》博覧会が開かれた都市はどこか。	ロンドン
□1871年ドイツを統一して鉄血宰相《さいしょう》と呼ばれた人物はだれか。	ビスマルク
□19世紀にロシアがとった領土拡大政策を何というか。	南下政策《なんかせいさく》
□ロシアが黒海に進出しようとした際，フランスやイギリスとの間で起こった戦争を何というか。	クリミア戦争
□近代看護の創始者と呼ばれるのはだれか。	ナイチンゲール
□1861年に奴隷《どれい》解放問題に関して起こったアメリカの内戦は何か。	南北戦争
□奴隷解放を実現したアメリカの大統領はだれか。	リンカン
□上記大統領の有名な一節「人民の，人民による，人民のための政治」をふくむ演説が行われた場所はどこか。	ゲティスバーグ
□18世紀後半に，イギリスで綿織物が大量に生産されるようになったのは，どのような機関が使われるようになったからか。	蒸気機関
□工場での機械生産などの技術の向上により経済と社会の仕組みが変化することを何と呼ぶか。	産業革命《さんぎょうかくめい》
□資本家が労働者を雇《やと》い，利益の拡大を目的に競争しながら自由に生産などを行う仕組みを何というか。	資本主義《しほんしゅぎ》
□労働者が使用者と対等な立場で，労働条件について交渉できるようにする労働者の団体を何というか。	労働組合
□19世紀のヨーロッパで芽生えた，格差や貧困《ひんこん》を解決しようとする考えを何というか。	社会主義《しゃかいしゅぎ》
□資本主義の不平等を解明するために「資本論」を著《あらわ》した思想家はだれか。	マルクス

2 欧米の進出と日本の開国

教科書　p.160～p.167

要点整理

1 欧米《おうべい》のアジア侵略《しんりゃく》

①欧米とアジアの力関係

・産業革命の結果，ヨーロッパはアジアに対し軍事力で優勢になる

・欧米諸国はアジアに工業製品を輸出

②アヘン戦争と中国の半植民地化

・イギリスは中国(清《しん》)から大量の茶や陶《とう》磁器《じき》，絹などを輸入→イギリスは赤字→赤字解消への動き

・**三角貿易**：イギリスは綿織物をインドに輸出→インドでアヘン(麻薬《まやく》)を栽培《さいばい》し，中国(清)へ持ちこむ→清から茶などを買う

・**アヘン戦争**：1840年，清の厳しいアヘン取りしまりで，イギリスが戦争を起こし，清を破る

・1842年，南京《ナンキン》条約：上海《シャンハイ》などを開港，香港《ホンコン》の譲渡

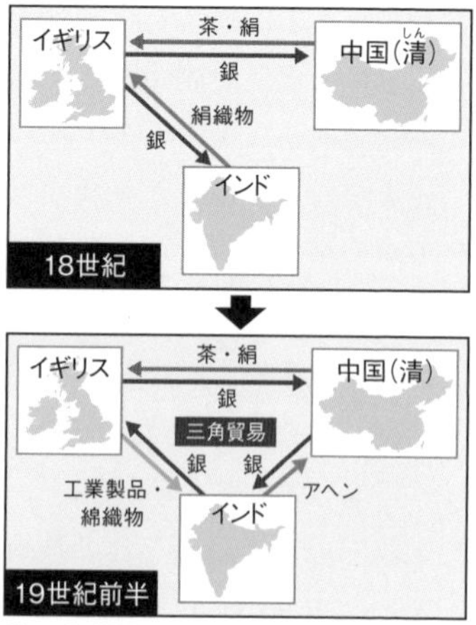

↑三角貿易

・1843年，不平等条約：イギリスに**領事裁判権《りょうじさいばんけん》**を認め，清に**関税自主権《かんぜいじしゅけん》**なし

・**太平天国《たいへいてんごく》の乱**：重税への不満から中国各地に広がる→イギリス・フランスは北京《ペキン》を占領《せんりょう》→貿易の自由化，キリスト教の布教などを認めさせる

③インドと東南アジアの植民地

・イギリスの安い綿織物が大量に流入→インドの伝統的な綿織物業に打撃《だげき》

超重要　日米修好通商条約は，領事裁判権を認め，関税自主権がない不平等条約

でる！ ❶イギリス・清・インドの三角貿易，アヘン戦争はよく出る用語だよ。❷ペリーの来航と不平等条約，日米和親条約と日米修好通商条約締結から開国への動きはしっかりおさえておこう。

・**インド大反乱**：1857年，イギリスに対する反感強まる→インド兵の反乱が各地に拡大→イギリスが鎮圧《ちんあつ》

・**インド皇帝《こうてい》退位**：イギリス国王を皇帝にしたインド帝国→イギリスの植民地支配の拠点《きょてん》

2 開国と不平等条約

①ペリーの来航

・アメリカは，東アジアとの貿易拡大→日本を太平洋を横断する貿易船などの寄港地にするため，**ペリー**を派遣《はけん》→1853年，ペリーが浦賀《うらが》(神奈川《かながわ》県)に来航→幕府に開国を求める大統領の国書

・1854年，軍事的な圧力を前に**日米和親条約《にちべいわしんじょうやく》**を結ぶ：下田《しもだ》(静岡《しずおか》県)，函館《はこだて》(北海道《ほっかいどう》)を開港，アメリカ船に食料や石炭などを補給することを認めた→鎖国《さこく》体制から**開国《かいこく》**へ

②不平等な通商条約

・1856年，幕府は戦争をさけるため，アメリカのハリスと通商条約交渉《こうしょう》→朝廷《ちょうてい》は不許可

・大老《たいろう》の井伊直弼《いいなおすけ》が朝廷の許可を得ずに，1858年，**日米修好通商条約《にちべいしゅうこうつうしょうじょうやく》**を結ぶ：函館《はこだて》・神奈川(横浜《よこはま》)・長崎《ながさき》・新潟《にいがた》・兵庫《ひょうご》(神戸《こうべ》)の５港を開港→背景に清がイギリス・フランスに負けたことがある→外国人居留地で自由な貿易

　・不平等条約：アメリカに**領事裁判権**を認め，日本に**関税自主権**がない→オランダ・ロシア・イギリス・フランスともほぼ同じ内容の不平等条約結ぶ

3 開国後の政治と経済

①幕府への批判の高まり

・通商条約の締結→尊王《そんのう》論(天皇を尊ぶ)と攘夷《じょうい》論(外国を排除し，鎖国《さこく》体制保持)が結びつき，**尊王攘夷運動**が高まる

・将軍のあとつぎ問題による対立：大老《たいろう》井伊《いい》直弼《なおすけ》が支持する徳川慶福《とくがわよしとみ》(後の家茂《いえもち》)対一橋慶喜《ひとつばしよしのぶ》を支持する雄藩《ゆうはん》(薩摩《さつま》藩・長州《ちょうしゅう》藩・佐賀《さが》藩など)の対立→井伊直弼が雄藩をおさえ安政《あんせい》の大獄《たいごく》へ

・**安政《あんせい》の大獄《たいごく》**：幕府の政策を批判したとして，吉田松陰《よしだしょういん》らを処罰《しょばつ》した

・**桜田門外《さくらだもんがい》の変**：1860年，井伊直弼が厳しい弾圧《だんあつ》に反発する元水戸藩士《みとはんし》らにより暗殺される

・**公武合体策**：幕府(武)が朝廷《ちょうてい》(公)との結びつきを強めて権威を取りもどそうとしてとった対策

・薩摩藩《さつまはん》と朝廷の意見を入れて政治改革

②開港の経済的影響

・開国の影響：貿易が盛んに→最大の貿易港は横浜《よこはま》、相手国はイギリスが中心

・輸入品：毛織物・綿織物・兵器など→イギリスから安く良質な綿織物や綿糸を輸入→国内の綿織物や綿糸の生産に打撃

・輸出品：生糸《きいと》・茶など→生糸は東日本で盛んに生産された

・貿易と生活の変化：外国との金銀交換比率のちがい→金貨(小判《こばん》)の海外への流出→小判の質を落として海外流出を防ぐ→物価上昇《じょうしょう》→生糸などの流通統制し貿易を制限したが失敗→民衆の不満高まる

4 江戸幕府の滅亡《めつぼう》

①薩摩藩と長州《ちょうしゅう》藩の動き

・**長州藩**：尊王攘夷運動の中心→幕府に攘夷実行を約束させる→関門海峡《かんもんかいきょう》を通る外国船を砲撃《ほうげき》→会津《あいづ》藩・薩摩藩と戦い敗れる→幕府が長州藩を従わせる

・**下関《しものせき》戦争**：イギリス・フランス・アメリカ・オランダの連合海軍が下関

砲台を攻撃

・薩英戦争《さつえい》：1862年，薩摩藩士が生麦《なまむぎ》村(神奈川県)で，藩主の父の行列を横切ったイギリス商人を殺害した生麦事件の報復で，1863年にイギリス海軍により鹿児島が攻撃される

・軍備の強化へ：長州藩(高杉晋作《たかすぎしんさく》・木戸孝允《きどたかよし》)，薩摩藩(西郷隆盛《さいごうたかもり》・大久《おおく》保利通《ぼとしみち》)らが実権をにぎり軍備強化

・薩長同盟《さっちょうどうめい》：1866年，土佐《とさ》藩出身の坂本龍馬《さかもとりょうま》などの仲介で薩摩と長州が同盟を結ぶ→幕府と対決姿勢を強化

・坂本龍馬：土佐藩をはなれていた龍馬は貿易にもたずさわり，薩摩藩や長州藩と交流→1867年，幕府の配下により京都で暗殺された

②世直しへの期待

・開国や長州への出兵→物価が上昇→民衆の生活苦が増す→社会不安拡大→「世直し」期待で一揆《いっき》や打ちこわしで借金の帳消しなどを求める→「ええじゃないか」の発生

③大政奉還《たいせいほうかん》と王政復古

・大政奉還：1867年，第15代将軍徳川慶喜《とくがわよしのぶ》が土佐藩のすすめで政権を朝廷に返した→260年余り続いた幕府がほろびた

・天皇中心の政治：西郷隆盛や岩倉具視《いわくらともみ》などが中心→天皇中心の政府樹立を宣言→王政復古《おうせいふっこ》の大号令《だいごうれい》→徳川慶喜の官職や領地の返上を命じた

・1868年，王政復古に反対(旧幕府軍)と新政府の対立→鳥羽《とば》・伏見《ふしみ》の戦い→新政府軍勝利→江戸城明けわたし

・1869年，函館《はこだて》の旧幕府軍を降伏させ，国内平定(戊辰《ぼしん》戦争)

関連用語

領事裁判権　領事とは外国の領事。日本で外国人が事件を起こしたとき，その国の領事が裁判を行うので，日本が被害を受けても外国人が裁くことになり，日本には不利となる。

安政の五か国条約　オランダ，ロシア，イギリス，フランスとも日米修好通商条約とほぼ同じ条約を結んだ。

桜田門外の変　1860年，彦根《ひこね》藩主《はんしゅ》の大老井伊直弼の進めた政策に反発した水戸《みと》藩の元藩士などが桜田門の外で，井伊直弼を暗殺した事件。

要点チェック

□1840年，アヘンの取りしまりを厳しく行った清《しん》に対し，イギリスが起こした戦争は何か。	アヘン戦争
□アヘン戦争の結果結ばれた，上海《シャンハイ》など５港の開港，香港《ホンコン》の譲渡《じょうと》などを定めた条約は何か。	南京条約《ナンキンじょうやく》
□外国で起こした事件でも，領事が自分の国の法律によって裁判を行う権利を何というか。	領事裁判権《りょうじさいばんけん》
□アヘン戦争の後，社会不安と賠償金のための重税に不満のため，清の各地に広まった乱を何というか。	太平天国《たいへいてんごく》の乱
□18世紀末から19世紀初めにかけて，インドの支配地を広げた国はどこか。	イギリス
□インド兵士による支配国の上官に対する反乱が各地で起こった。この反乱を何というか。	インド大反乱
□1853年，アメリカ大統領の国書を持って，浦賀《うらが》に来航した人物はだれか。	ペリー
□下田《しもだ》，函館《はこだて》の開港や，アメリカ船への食料や水，石炭などの供給をアメリカと約束した条約は何か。	日米和親条約《にちべいわしんじょうやく》
□函館，神奈川《かながわ》(横浜《よこはま》)など５港を開港し，貿易を始めることをアメリカと約束した条約は何か。	日米修好通商条約《にちべいしゅうこうつうしょうじょうやく》
□日米修好通商条約を結び，尊王攘夷《そんのうじょうい》派に厳しい態度でのぞんだ幕府《ばくふ》の大老《たいろう》はだれか。	井伊直弼《いいなおすけ》
□日米修好通商条約で日本が認められなかった，自国の輸出入製品に関税を独自でかけることができる権利を何というか。	関税自主権《かんぜいじしゅけん》
□有能な藩士《はんし》を登用したり，西洋式軍備を整えるなどした薩摩《さつま》藩・長州《ちょうしゅう》藩・佐賀《さが》藩などは何と呼ばれたか。	雄藩《ゆうはん》

□幕府はアメリカのほかにオランダ・ロシア・イギリスなど計5か国と条約を結んだ。あと1国はどこか。	フランス
□天皇《てんのう》を尊び，外国勢力を排除《はいじょ》しようとする二つの論が結び付いた運動を何というか。	尊王攘《そんのうじょう》夷《い》運動《うんどう》
□幕府の政策を批判したとして，薩摩藩や長州藩の大名や家臣を厳しく罰したできごとは何か。	安政《あんせい》の大獄《たいごく》
□1860年に元水戸藩士らによって井《い》伊《い》直弼《なおすけ》が暗殺されたできごとを何というか。	桜《さくら》田《だ》門外《もんがい》の変
□幕府が朝廷との結びつきを強めることによって権威を取りもどそうとした対策を何というか。	公武合体策
□開国当時の最大の貿易港はどこか。	横浜《よこはま》
□開国当時の最大の貿易相手国はどこか。	イギリス
□開国当時に日本から輸出された主なものは生糸《きいと》のほかに何か。	茶
□尊王攘夷運動の中心となった藩はどこか。	長州《ちょうしゅう》藩
□薩摩藩の出身で，のちに西南戦争を起こした人物はだれか。	西郷隆盛《さいごうたかもり》
□関門海峡《かんもんかいきょう》を通る外国船を砲撃《ほうげき》し，その報復として4国の艦隊《かんたい》の攻撃《こうげき》を受けた藩はどこか。	長州藩
□薩長同盟《さっちょうどうめい》の仲立ちをした，土佐《とさ》藩出身の人物はだれか。	坂本龍《さかもとりょう》馬《ま》
□幕府が政権を朝廷《ちょうてい》に返上することを何というか。	大政奉還《たいせいほうかん》
□大政奉還を行った将軍はだれか。	徳川慶喜《とくがわよしのぶ》
□天皇中心の政治にもどすことを明らかにした宣言とは何か。	王政復古《おうせいふっこ》の大号令《だいごうれい》
□1868年，旧幕府軍と新政府の間で起こった戦いを何というか。	鳥羽《とば》・伏見《ふしみ》の戦い
□旧幕府軍と新政府軍との間で起きた戦争は何か。	戊辰戦争《ぼしんせんそう》

3 明治維新

教科書　p.168〜p.185

要点整理

1 新政府の成立

①明治維新《めいじいしん》

・明治維新：幕藩《ばくはん》体制の国家から日本を近代国家へと移行するための政治・経済・社会の変革→人々は「御一新《ごいっしん》」と呼び，新しい政治に期待

・五箇条《ごかじょう》の御誓文《ごせいもん》：1868年３月に示された新しい政治の方針

②藩《はん》から県へ

・版籍奉還《はんせきほうかん》：1869年，藩主《はんしゅ》に土地（版《はん》）と人民（籍《せき》）を政府に返させた

・廃藩置県《はいはんちけん》：1871年，藩を廃止《はいし》して県を置く→中央から県令《けんれい》（後の県知事）

・中央政府：公家《くげ》と薩摩《さつま》・長州《ちょうしゅう》などの出身者が実権→後に，藩閥《はんばつ》政府と呼ばれる

③身分制度の廃止

・皇族以外は全て平等→天皇の下《もと》で一つにまとまる国家→四民《しみん》平等

・「解放令《かいほうれい》」：1871年，えた身分，ひにん身分の呼び名を廃止→平民と同じに

2 明治維新の三大改革

①三大改革

・中央集権国家を築く新政府が行った三つの近代化政策…学制・兵制・税制

②学制の公布

・1872年，学制を公布：小学校から大学校までの学校制度

③徴兵令《ちょうへいれい》

・1873年，徴兵令：満20歳《さい》以上の男子に兵役《へいえき》の義務→徴兵反対の一揆《いっき》も

　・多くの免除《めんじょ》規定→実際に兵役に就《つ》いたのは平民の二男，三男

④地租《ちそ》改正

・1873年から実施《じっし》された地租改正：国民に土地の所有権を認め，税制を確立

超重要　廃藩置県で中央集権国家の基礎→近代化政策は学制，徴兵《ちょうへい》令，地租《ちそ》改正

でる!

❶新政府の三つの近代化政策を覚えておこう。❷「徴兵令」,「地租改正」はよく出る用語だよ。❸自由民権運動をおさえておこう。❹大日本帝国憲法《だいにっぽんていこくけんぽう》の制定までと帝国議会《ていこくぎかい》は重要だよ。

・内容…土地の所有者と価格(地価)を定め，地券を発行

税率は地価の3%とし，土地の所有者が現金で納める

・税(地租)が政府の歳入《さいにゅう》(年間の収入)の大半→財政の安定化

・江戸時代の年貢《ねんぐ》から収入を減らさない政府の方針→地租改正反対の一揆が各地で起きる→地租を2.5%へ

3 富国強兵《ふこくきょうへい》と文明開化《ぶんめいかいか》

①富国強兵

・**富国強兵**：経済を発展させて国力をつけ，軍隊を強くする→列強《れっきょう》に対抗《たいこう》

・「強兵」を実現するための徴兵制で軍隊を創る,「富国」を実現するための殖産興業《しょくさんこうぎょう》政策を進め，経済の資本主義化を図《はか》る

②殖産興業政策

・交通・通信の整備…鉄道(1872年新橋《しんばし》・横浜《よこはま》間)，郵便制度，電信網《もう》

・群馬《ぐんま》県の富岡製糸場《とみおかせいしじょう》などの**官営模範工場《かんえいもはんこうじょう》**…優《すぐ》れた新しい技術を広める

③文明開化

・**文明開化**：欧米の文化を取り入れた都市を中心に伝統的な生活の変化

・太陽暦《たいようれき》の採用：1872年から実施，1日を24時間，1週間を7日→学校，役所

④新しい思想

・**福沢諭吉《ふくざわゆきち》**：人間の平等主義を分かりやすい表現で説いた「学問のすゝ《(す)》め」

・**中江兆民《なかえちょうみん》**：ルソーの思想を紹介《しょうかい》→自由民権運動《じゆうみんけんうんどう》へとつながる

資料から発見！ **錦絵《にしきえ》から文明開化の様子をとらえよう** (教科書) p.174～175

①明治時代の錦絵とは？／②当時の銀座の状況は？

・明治時代も引き続き作られた→題材は文明開化にちなむものが多い

・**銀座の様子**：新政府の不燃化計画→銀座煉瓦街《れんががい》の出現→新橋と横浜間の鉄道の開通→海外の物や習慣が広まる

4 近代的な国際関係

①ぶつかる二つの国際関係

・アジアの伝統的な国際関係…中国《ちゅうごく》の皇帝《こうてい》への朝貢《ちょうこう》→支配者としての地位を確立

・欧米《おうべい》諸国の近代的国際関係…条約に基《もと》づいた関係→アジア諸国には不平等

②岩倉《いわくら》使節団

・**岩倉使節団**：全権大使の岩倉具視《いわくらともみ》，木戸孝允《きどたかよし》，大久保利通《おおくぼとしみち》などを派遣《はけん》

・目的：不平等条約の改正→法の整備などの近代化政策の不徹底《ふてってい》で不成功

③清《しん》や朝鮮《ちょうせん》との関係

・1871年，**日清修好条規《にっしんしゅうこうじょうき》**：日本は清と対等な立場で結ぶ

・朝鮮：清に朝貢し，鎖国《さこく》→日本の開国要求を拒否《きょひ》→武力による開国論(**征韓論《せいかんろん》**)

　・政府が分裂《ぶんれつ》→西郷隆盛《さいごうたかもり》，板垣退助《いたがきたいすけ》らは政府を去る

　・江華島《こうかとう》《カンファド》事件を口実に，1876年，**日朝修好条規《にっちょうしゅうこうじょうき》**を結ぶ(不平等条約)

5 国境と領土の確定

①南北の国境の確定

・1875年，**樺太《からふと》・千島交換条約《ちしまこうかんじょうやく》**：樺太をロシア領，千島列島を日本領

・1876年，小笠原《おがさわら》諸島の日本の領有が確定，**尖閣《せんかく》諸島**・**竹島《たけしま》**も日本領に

②北海道《ほっかいどう》の開拓《かいたく》とアイヌの人々

・蝦夷地《えぞち》を**北海道**と改称《かいしょう》→開拓使《かいたくし》を置いて統治強化，開拓の中心は**屯田兵《とんでんへい》**

・アイヌの人々の伝統的な風習や文化などを否定→同化政策を行う

③沖縄《おきなわ》県の設置と琉球《りゅうきゅう》の人々

・1872年，琉球王国を琉球藩《はん》とする→1879年，琉球藩を廃止《はいし》して**沖縄県**を設置(**琉球処分《りゅうきゅうしょぶん》**)→朝貢する国を失った清は日本に抗議《こうぎ》

6 領土をめぐる問題の背景

・竹島→大韓民国《だいかんみんこく》(韓国)が不法に占拠《せんきょ》，北方領土→ロシアが不法に占拠

・尖閣諸島：日本が実効支配→中華《ちゅうか》人民共和国や台湾《たいわん》が領有権を主張

7 自由民権運動の高まり

超重要 天皇を主権者とする大日本帝国憲法《だいにっぽんていこくけんぽう》が1889年に発布

①自由民権運動と士族の反乱

・1874年，板垣退助らが民撰《みんせん》議院設立《ぎいんせつりつ》の建白書《けんぱくしょ》を政府に提出→国民の政治参加する権利の確立を目指す自由民権運動の出発点

・1877年，西南戦争《せいなんせんそう》：西郷隆盛を中心とした士族の反乱→政府軍が鎮圧《ちんあつ》

②高まる自由民権運動

・1880年，国会期成同盟《こっかいきせいどうめい》を結成，植木枝盛《うえきえもり》や中江兆民《なかえちょうみん》などが民権論を主張

③国会の開設をめぐる対立

・大隈重信《おおくましげのぶ》（早期開設主張）と伊藤博文《いとうひろぶみ》（慎重論《しんちょうろん》）の対立→北海道開拓使に関する事件を機会に大隈を追い出す→国会開設の勅諭《ちょくゆ》（10年後の国会開設）

・政党：板垣を党首とする自由党《じゆうとう》，大隈を党首とする立憲改進党《りっけんかいしんとう》の結成

8 立憲制国家の成立

①憲法の準備

・伊藤博文はヨーロッパに調査→ドイツやオーストリアで憲法を学ぶ

・1885年，内閣制度《ないかくせいど》ができる…初代内閣総理大臣（首相《しゅしょう》）に伊藤博文が就任

②憲法の発布

・1889年に発布した大日本帝国憲法：天皇が国の元首として統治をする

　・天皇の権限：帝国議会《ていこくぎかい》の召集《しょうしゅう》，衆議院の解散，陸海軍の指揮など

・帝国議会：衆議院と貴族院の二院制→選挙で選ばれるのは衆議院のみ

・国民は「臣民《しんみん》」とされ，その権利は，議会の定めた法律の範囲《はんい》内で認められた

・1890年，教育勅語《きょういくちょくご》：忠君愛国の道徳が示され，教育の柱とされた

③帝国議会の開設

・1890年に第１回帝国議会→アジアで最初の近代的な立憲制国家となる

関連用語

四民《しみん》平等　武士，百姓《ひゃくしょう》，町人《ちょうにん》の身分を一つにし，身分制度を廃止することから四民平等といわれた。そして，天皇の一族は皇族，公家《くげ》や大名《だいみょう》は華《か》族《ぞく》，武士などは士族，百姓や町人は平民と呼ばれることとなった。

征韓論　政府内で，武力を使って朝鮮に開国をせまるという考え。西郷隆盛や板垣退助などにより主張が高まる。国力の充実を優先する大久保利通などと対立。この論争に敗れた西郷らは政府を去った。

要点チェック

□江戸幕府《えどばくふ》にかわった新政府による，日本を近代国家にするための政治・経済・社会の変革を何というか。	明治維新《めいじいしん》
□1868年に出た，新政府の方針を示したものは何か。	五箇条《ごかじょう》の御誓文《ごせいもん》
□藩主《はんしゅ》に土地と人民を政府に返還《へんかん》することを命じた政策とは何か。	版籍奉還《はんせきほうかん》
□1871年，藩を廃止《はいし》して県を置いた政策は何か。	廃藩置県《はいはんちけん》
□薩摩《さつま》・長州《ちょうしゅう》・土佐《とさ》・肥前《ひぜん》の出身者と少数の公家《くげ》が実権をにぎった政府は何と呼ばれたか。	藩閥《はんばつ》政府
□えた身分，ひにん身分の呼び名を廃止し，平民と同じとした布告は何か。	「解放令《かいほうれい》」
□1872年に公布された，学校制度を定めた法令は何か。	学制
□満20歳《さい》以上の男子に兵役《へいえき》の義務を負わせた法令は何か。	徴兵《ちょうへい》令
□1873年から実施《じっし》された，国民に土地の所有権を認めたうえで，税制を確立した改革は何か。	地租《ちそ》改正
□欧米《おうべい》諸国に対抗《たいこう》するために，経済を発展させて国力をつけ，軍隊を強くする政府の方針とは何か。	富国強兵《ふこくきょうへい》
□産業を育てることで経済の資本主義化を図《はか》り，「富国」を実現しようとした政策は何か。	殖産興業《しょくさんこうぎょう》
□富岡製糸場《とみおかせいしじょう》などのように，政府が外国の優《すぐ》れた技術を各地に広めるために，造った工場を何というか。	官営模範工場《かんえいもはんこうじょう》
□欧米の文化を盛《さか》んに取り入れ，都市を中心に伝統的な生活が変化したことを何というか。	文明開化
□「学問のすゝ《(す)》め」を著《あらわ》し，人間の平等主義を分かりやすく説いた人物はだれか。	福沢諭吉《ふくざわゆきち》
□ルソーの思想を紹介《しょうかい》し，自由民権運動《じゆうみんけんうんどう》に影響《えいきょう》をあたえた人物はだれか。	中江兆民《なかえちょうみん》

□幕末《ばくまつ》に欧米諸国と結んだ不平等条約の改正を目的に，1871年から欧米各国を訪問し，以後の日本の進路に影響をあたえた使節団は何か。	岩倉《いわくら》使節団
□1871年に，日本が清《しん》と結んだ条約は何か。	日清修好条規《にっしんしゅうこうじょうき》
□武力を背景に，朝鮮《ちょうせん》を開国させるべきとの主張を何と呼ぶか。	征韓《せいかん》論
□1876年に，日本が朝鮮と結んだ不平等条約は何か。	日朝修好条規《にっちょうしゅうこうじょうき》
□日本とロシアとの間で国境を確定するために結ばれた条約は何か。	樺太《からふと》・千島交換《ちしまこうかん》条約
□北海道《ほっかいどう》を統治し，開拓《かいたく》事業を進めるために置かれた役所は何か。	開拓使《かいたくし》
□北海道で開拓の中心となった農業兼業《けんぎょう》の兵士を何というか。	屯田兵《とんでんへい》
□琉球藩《りゅうきゅうはん》の設置から沖縄《おきなわ》県設置にいたる，政府の一連の措置《そち》を何と呼ぶか。	琉球処分《りゅうきゅうしょぶん》
□1874年，板垣退助《いたがきたいすけ》らが国会開設を求めて政府に提出したものとは何か。	民撰議院設立《みんせんぎいんせつりつ》の建白書《けんぱくしょ》
□1877年に鹿児島《かごしま》で起きた，士族の反乱は何か。	西南戦争《せいなんせんそう》
□藩閥《はんばつ》政府への批判を言論で行い，国会開設を求めた運動とは何か。	自由民権運動
□国会開設をめぐる対立から政府を追われ，のちに立《りっ》憲改進党《けんかいしんとう》を結成した人物はだれか。	大隈重信《おおくましげのぶ》
□初代内閣総理大臣に就任したのはだれか。	伊藤博文《いとうひろぶみ》
□大日本帝国《ていこく》憲法において，国家の元首として統治することを定められたのはだれか。	天皇
□二院制の帝国議会《ていこくぎかい》を構成しているのは衆議院と何か。	貴族院
□忠君愛国の道徳を示し，教育の柱とされるとともに，国民の精神的よりどころとされたものは何か。	教育勅語《きょういくちょくご》

4 日清・日露戦争と近代産業

教科書　p.186〜p.201

要点整理

1 欧米列強《おうべいれっきょう》の侵略《しんりゃく》と条約改正

①列強と帝国《ていこく》主義

・資本主義の発展→イギリス，フランス，ドイツ，アメリカなどは資源や市場を求めアジア，アフリカへ進出→軍事力で植民地化→帝国主義の動き

②条約改正の実現

・条約改正の動き…アメリカと関税自主権回復で合意→イギリスなどが反対

・井上馨《いのうえかおる》の欧化《おうか》政策…鹿鳴館《ろくめいかん》で舞踏会《ぶとうかい》を開くなど→条約改正交渉《こうしょう》に臨《のぞ》む

・1894年，陸奥宗光《むつむねみつ》外相が日英《にちえい》通商航海条約を結び，領事裁判権を撤廃《てっぱい》

③東アジアの情勢

・朝鮮《ちょうせん》：日本（日朝修好条規《にっちょうしゅうこうじょうき》）と清《しん》（朝貢《ちょうこう》関係から宗主権《そうしゅけん》を主張）の勢力争い

・日本国内の主張：列強の東アジア進出に対抗《たいこう》し，朝鮮進出を求める

2 日清《にっしん》戦争

①日清戦争

・甲午農民《こうごのうみん》戦争：1894年，朝鮮で東学《とうがく》を信仰《しんこう》する団体を中心とした農民蜂起《ほうき》

・朝鮮政府が清に出兵要請《ようせい》→日本も出兵→日清戦争（1894年）→日本の勝利

・1895年，講和条約の下関条約《しものせきじょうやく》…内容：朝鮮の独立を認める／遼東《りょうとう》《リアオトン》半島，台湾《たいわん》，澎湖《ほうこ》《ポンフー》諸島を日本へ→台湾総督府《そうとくふ》を設置（植民地支配）／賠償金《ばいしょうきん》（2億両《テール》）

②三国干渉と加速する中国侵略《しんりゃく》

・三国干渉《さんごくかんしょう》：ロシアがドイツ，フランスをさそい，遼東半島を清に返還《へんかん》することを勧告《かんこく》→日本は勧告受け入れ

・朝鮮：清からの独立を宣言し，1897年，国名を大韓帝国《だいかんていこく》（韓国《かんこく》）と改める

・清の弱体化→列強は中国国内に独占《どくせん》的な勢力範囲《はんい》を作る（中国分割《ぶんかつ》）

超重要 日清戦争の講和条約は下関条約，日露戦争《にちろせんそう》はポーツマス条約

でる!

❶不平等条約の改正の動きをつかんでおこう。❷「日清戦争」,「日露戦争」はよく出る用語だよ。❸日本と韓国《かんこく》の関係をおさえておこう。❹日本の産業革命の発展過程は重要だよ。

・ロシア：満州《まんしゅう》進出をねらう→遼東半島の旅順《りょじゅん》《リュイシュン》・大連《だいれん》《ターリエン》を租借《そしゃく》

③日清戦争後の日本

・大規模な軍備の拡張へ…清からの賠償金は軍備拡張と工業化に使われる

・政府は政党と対立から協力する関係に→伊藤博文《いとうひろぶみ》自ら**立憲政友会**《りっけんせいゆうかい》を結成

3 日露《にちろ》戦争

①義和団《ぎわだん》事件

・1899年，中国の義和団の蜂起《ほうき》：「扶清滅洋《ふしんめつよう》」をスローガン→翌年，北京《ペキン》の外国公使館包囲→清は列強に宣戦布告(**義和団事件**)→列強は連合軍を結成(日本もその一員)し，義和団を鎮圧《ちんあつ》

・1902年，日本とイギリスが**日英同盟**《にちえいどうめい》→ロシアの勢力拡大に対抗で一致《いっち》

・戦争の危機→非戦論と開戦論(新聞などが主張)

　・非戦論…幸徳秋水《こうとくしゅうすい》(社会主義者)，内村鑑三《うちむらかんぞう》(キリスト教徒)らが主張

・**日露戦争**：1904年，日本はロシアとの開戦へ→戦争は日本有利に展開

②日露戦争

・日本(戦力の限界)，ロシア(国内で専制政治への不満→革命運動)の両国とも戦争継続《けいぞく》が困難になる

・1905年5月の日本海《にほんかい》海戦の日本の勝利を機にアメリカの仲介《ちゅうかい》で講和会議→講和条約の**ポーツマス条約**を結ぶ

　・内容：ロシアは韓国における日本の優越《ゆうえつ》権を認める／旅順・大連の租借権，長春《ちょうしゅん》《チャンシュン》以南の鉄道の利権を日本にゆずりわたす／北緯《ほくい》50度以南の樺太《からふと》(サハリン)を日本にゆずりわたす　など

・ポースマス条約の賠償金がないことで政府を攻撃《こうげき》→日比谷《ひびや》焼き打ち事件

③日露戦争後の日本と国際社会

・列強としての地位を獲得《かくとく》→大国意識とアジア諸国への優越感

4 韓国《かんこく》と中国

①韓国の植民地化

・1905年，日本は韓国の外交権をうばい保護国へ→韓国統監府《とうかんふ》を設置

・1907年，韓国皇帝《こうてい》を退位させ，軍隊の解散→韓国の人々の義兵《ぎへい》運動

・1910年に**韓国併合《へいごう》**→朝鮮総督府《ちょうせんそうとくふ》を設置し植民地支配→1945年まで

②満鉄《まんてつ》の設立／③中華民国《ちゅうかみんこく》の成立

・日本は満州《まんしゅう》南部を勢力範囲《はんい》に→半官半民の**南満州《みなみまんしゅう》鉄道株式会社**(満鉄)設立

・清《しん》をたおし，近代国家建設を目指す革命運動→中心は**三民主義《さんみんしゅぎ》**の**孫文《そんぶん》《スンウェン》**

・**辛亥革命《しんがいかくめい》**：1911年，軍隊の反乱→省が独立宣言→**中華民国**建国(1912年)

・袁世凱《えんせいがい》《ユアンシーカイ》：清をほろぼす→臨時大総統になり独裁的政治→死後，各地に軍閥《ぐんばつ》

5 産業革命の進展

①産業と資本主義の発展／②社会問題の発生

・日清戦争《にっしんせんそう》前：紡績《ぼうせき》・製糸《せいし》など軽工業を中心に産業革命が進む

・日清戦争後：重化学工業では官営の**八幡《やはた》製鉄所**を建設

・鉄道の発達：1906年，主要な民営鉄道が国有化

・三井《みつい》・三菱《みつびし》・住友《すみとも》・安田《やすだ》などの資本家…日本経済を支配する**財閥《ざいばつ》**に成長

・資本主義の発展→労働者の増加と低賃金・長時間労働→労働条件改善求めて労働組合結成と労働争議の増加→12歳未満の就業禁止，労働時間制限を定めた工場法制定

・足尾《あしお》銅山の鉱毒事件などの公害問題発生

③地主と小作人《こさくにん》

・小作人：地主との格差が拡大→子どもを働きに出す，海外へ移民など

・地主：株式投資や企業《きぎょう》を作るなど資本主義と結び付く

6 近代文化の形成

①日本の美と欧米《おうべい》の美

・日本の美術の復興に努めたフェノロサ，岡倉天心《おかくらてんしん》

超重要 1910年，日本は韓国を併合し，植民地とした。

・日本美術：横山大観《よこやまたいかん》(日本画)，高村光雲《たかむらこううん》(彫刻《ちょうこく》)
・西洋美術：黒田清輝《くろだせいき》(印象派を紹介《しょうかい》)
・音楽：滝廉太郎《たきれんたろう》(「荒城《こうじょう》の月」など)

②新しい文章

・言文一致《いっち》：二葉亭四迷《ふたばていしめい》　・ロマン主義：与謝野晶子《よさのあきこ》(短歌)，**樋口一葉**《ひぐちいちよう》(小説)
・欧米の文化に向き合う知識人の視点から小説：**夏目漱石**《なつめそうせき》，**森鷗外**《もりおうがい》(「舞姫」)

③学校教育の普及《ふきゅう》

・就学率の上昇《じょうしょう》：約50%(1891年)→97%(1907年)→国民教育の基礎《きそ》が固まる
・科学分野：北里柴三郎《きたさとしばさぶろう》や**野口英世**《のぐちひでよ》(細菌《さいきん》学)，長岡半太郎《ながおかはんたろう》(物理学)

もっと歴史　メディアの発達が日本を変えた　(教科書) p.198～199

①電信・電話の導入／②新聞・雑誌の誕生／③映画・ラジオと大衆社会

・電信・電話：1869年電信始まり→1871年海底ケーブル設置で世界と情報伝達可能に→1876年，ベルが電話を発明→1877年日本へ導入
・新聞・雑誌：1870年，日本初の日刊新聞(横浜毎日新聞)→雑誌は1874年創刊「**明六雑誌**」→徳富蘇峰《とくとみそほう》「国民之《の》友」登場
・映画・ラジオ：第一次世界大戦後,「マスメディア」として発達→1910年代に国産映画の供給体制成立→1925年ラジオ放送開始(東京放送局)

地域の歴史を調べよう4　多文化共生都市・神戸　(教科書) p.200～201

◆**開国後に神戸に造られた建物について調べる**…1858年の日米修好通商条約によって開港された神戸には，海外からさまざまな人や物，文化が入ってきた→北野町《きたのちょう》周辺に残されている西洋風の建物を地図や表を使って調べ，イラストで整理して発表する

関連用語

東学《とうがく》　民間信仰《しんこう》を基《もと》にした朝鮮の宗教で，キリスト教(西学《せいがく》)に対する東学という意味である。

租借《そしゃく》　外国の領土を借りること。租借地の行政，司法権は租借した国が持ち，軍隊も置く。また，期間も長く設定されたため，実質的には領土とかわらない。

三民主義　孫文が唱えた指導理論。民族(民族の独立)，民権(政治的な民主化)，民生(民衆の生活の安定)の三つを柱としている。

要点チェック

□資源や市場を求めてアジア，アフリカへ進出し，軍事力によって植民地化を進めることを何というか。	帝国《ていこく》主義
□不平等条約改正のために井上馨《いのうえかおる》が進めた，鹿鳴館《ろくめいかん》で舞踏会《ぶとうかい》を開くなどの政策を何というか。	欧化《おうか》政策
□1894年，イギリスとの間に結ばれた領事裁判権を撤廃《てっぱい》した条約は何か。	日英《にちえい》通商航海条約
□領事裁判権の撤廃に成功した外務大臣はだれか。	陸奥宗光《むつむねみつ》
□東学《とうがく》を信仰《しんこう》する団体が組織した農民が，朝鮮《ちょうせん》半島南部で蜂起《ほうき》した事件を何と呼ぶか。	甲午《こうご》農民《のうみん》戦争
□日清戦争《にっしんせんそう》が始まったのは何年か。	1894年
□日清戦争の講和条約は何か。	下関条約《しものせきじょうやく》
□下関条約で，日本にゆずりわたされた中国《ちゅうごく》東北部の半島は何か。	遼東《りょうとう》《リアオトン》半島
□ロシアなどが，日本に下関条約で得た清《しん》の領土を返還《へんかん》するように勧告《かんこく》したことを何というか。	三国干渉《さんごくかんしょう》
□日本が返還したのち，ロシアが租借《そしゃく》した都市はどことどこか。	旅順《りょじゅん》《リュイシュン》・大連《だいれん》《ターリエン》
□伊藤博文《いとうひろぶみ》自らが，1900年に結成し，これ以後の政党の中心となった政党は何か。	立憲政友会《りっけんせいゆうかい》
□1899年に，「扶清滅洋《ふしんめつよう》」をスローガンに蜂起した勢力を何と呼ぶか。	義和団《ぎわだん》
□1902年，ロシアの勢力拡大に対抗《たいこう》することで一致《いっち》し，日本とイギリスの間で結ばれた同盟は何か。	日英同盟《にちえいどうめい》
□日露戦争《にちろせんそう》の開戦前，キリスト教徒の立場から非戦論を主張したのはだれか。	内村鑑三《うちむらかんぞう》
□日露戦争が始まったのは何年か。	1904年

□戦争の継続《けいぞく》が困難となった日本とロシアを仲介《ちゅうかい》した国はどこか。	アメリカ
□日露戦争の講和条約は何か。	ポーツマス条約《じょうやく》
□講和条約に賠償金《ばいしょうきん》がないことを理由に国民が東京《とうきょう》で暴動を起こした事件は何か。	日比谷《ひびや》焼き打ち事件
□1905年，韓国《かんこく》を保護国とした日本が設置した官庁は何か。	韓国統監府《とうかんふ》
□1910年，日本はどこの国を併合《へいごう》したか。	韓国
□日本が韓国の植民地支配を推《お》し進めるために置いた官庁は何か。	朝鮮総督府《ちょうせんそうとくふ》
□日本が満州に設立した半官半民の鉄道会社を何というか。	南満州鉄道株式《みなみまんしゅうてつどうかぶしき》会社《がいしゃ》（満鉄《まんてつ》）
□清をたおして漢民族の独立と近代国家建設を目指した革命運動の中心となった指導者はだれか。	孫文《そんぶん》《スンウェン》
□孫文が唱えた，革命の指導理論は何か。	三民《さんみん》主義
□1911年に起きた，中国の革命運動は何か。	辛亥革命《しんがいかくめい》
□革命の結果，1912年に成立した国は何か。	中華民国《ちゅうかみんこく》
□日清戦争の賠償金《ばいしょうきん》を使い，九州《きゅうしゅう》に建設された官営の製鉄所は何か。	八幡《やはた》製鉄所
□金融《きんゆう》・貿易など，さまざまな業種に進出し日本の経済を支配した資本家を何というか。	財閥《ざいばつ》
□日本の美術の復興に努め，伝統の価値を見直させたアメリカ人はだれか。	フェノロサ
□日本に印象派を紹介《しょうかい》した画家はだれか。	黒田清輝《くろだせいき》
□個人の感情などを重視するロマン主義で，小説で活躍した女性はだれか。	樋口一葉《ひぐちいちよう》
□「舞姫《まいひめ》」を書いた小説家はだれか。	森鷗外《もりおうがい》
□黄熱《おうねつ》病を研究した細菌《さいきん》学者はだれか。	野口英世《のぐちひでよ》

得点アップ　◉定期テスト対策問題①◉

❶ 右の年表を見て，次の問いに答えなさい。

年	主な出来事
1215	イギリスで「マグナ・カルタ」が定められる
1640	イギリスで，［①］が起こる
1688	イギリスで，［②］が起こる
1689	イギリスで「権利章典」が定められる
	a<u>社会契約《けいやく》説と抵抗《ていこう》権</u>が唱えられる
1748	b<u>「法の精神」</u>
1762	c<u>「社会契約論」</u>
1775	イギリス植民地で，［③］が起きる
1776	植民地側が［④］を発表する
1789	フランスで，［⑤］が起きる
	［⑥］を発表する
1804	［⑦］が，フランスの皇帝《こうてい》の位に就《つ》く
1842	アヘン戦争が終結し，南京《ナンキン》条約が結ばれる
1851	［⑧］が起きる
1857	［⑨］が起きる

⑴　年表中の［①］，［②］に当てはまる革命の名称《めいしょう》を答えなさい。

①（ ピューリタン革命《かくめい》 ）

②（ 名誉《めいよ》革命 ）

⑵　年表中の下線部a～cに当てはまる啓蒙《けいもう》思想家を，次のア～ウから選び，記号で答えなさい。

ア　モンテスキュー

イ　ルソー

ウ　ロック

a（ ウ ）　b（ ア ）　c（ イ ）

⑶　年表中の［③］で起きた戦争を何というか答えなさい。

（ 独立戦争《どくりつせんそう》 ）

⑷　年表中の［④］で発表された宣言名を答えなさい。（ 独立宣言 ）

⑸　年表中の［⑤］で起きた革命を何というか答えなさい。

（ フランス革命 ）

⑹　年表中の［⑥］で発表された宣言名を答えなさい。（ 人権宣言 ）

⑺　年表中の［⑦］の人物名を答えなさい。（ ナポレオン ）

⑻　中国（清《しん》）の各地に広まった，年表中の［⑧］の反乱名を答えなさい。

（ 太平天国《たいへいてんごく》の乱《らん》 ）

⑼　インド兵のイギリス人の上官に対する反乱である年表中の［⑨］の名称を答えなさい。（ インド大反乱《だいはんらん》 ）

2 次の①～⑥の出来事について，あとの問いに答えなさい。

① 王政復古《おうせいふっこ》の大号令《だいごうれい》が出された

② 大政奉還《たいせいほうかん》が行われた

③ 日米修好通商条約《にちべいしゅうこうつうしょうじょうやく》を結んだ

④ 日米和親条約《にちべいわしんじょうやく》を結んだ

⑤ ペリーが初めて来航した

⑥ 戊辰戦争《ぼしんせんそう》が終わった

(1) ①～⑥の出来事を年代の古い順に並べ，その番号で答えなさい。

(⑤)→(④)→(③)→(②)→(①)→(⑥)

(2) ①，②，⑤，⑥の出来事が起きた場所を右の地図中のア～カから選び，記号で答えなさい。なお，同じ記号を2度使ってもよい。

①(オ) ②(オ)

⑤(エ) ⑥(ア)

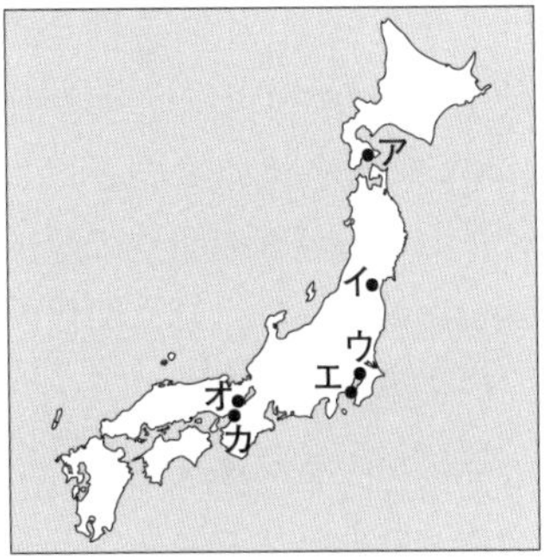

(3) 次のA～Dは，③，④どちらの条約の内容か，番号で答えなさい。

A アメリカに領事裁判権を認めた

B アメリカ船に食料や水，石炭などを供給することを認めた

C 下田《しもだ》と函館《はこだて》の2港を開くことを認めた

D 貿易の関税は話し合いで決めた

A(③) B(④) C(④) D(③)

(4) 次のa～cに当てはまる人物を，下のア～オから一つずつ選び，記号で答えなさい。

a ③を結び，反対した大名《だいみょう》や公家《くげ》らを厳しく処罰《しょばつ》した。 (ア)

b ②を行い，江戸幕府《えどばくふ》最後の将軍となった。 (オ)

c ①を朝廷《ちょうてい》に出させ，倒幕《とうばく》を進めた。 (イ)

ア 井伊直弼《いいなおすけ》　イ 岩倉具視《いわくらともみ》　ウ 坂本龍馬《さかもとりょうま》

エ 徳川家茂《とくがわいえもち》　オ 徳川慶喜《よしのぶ》

得点アップ ◉定期テスト対策問題②◉

❶ 右の年表を見て，次の問いに答えなさい。

年	主な出来事
1868	新政府の基本方針である ① を出す
1869	版籍奉還《はんせきほうかん》……ア
1871	廃藩置県《はいはんちけん》……イ
	② が欧米《おうべい》に向け出発
1872	富岡製糸場《とみおかせいしじょう》開業……あ
	a 学制公布
1873	b 徴兵令施行
	地租改正……ウ
1874	③ を政府に提出
1876	日朝修好条規《にっちょうしゅうこうじょうき》……エ
1877	西南戦争《せいなんせんそう》……オ
1879	琉球処分《りゅうきゅうしょぶん》……カ
1889	大日本帝国憲法《だいにっぽんていこくけんぽう》発布……い
1890	c 第1回帝国議会《ていこくぎかい》

⑴ 年表中の ① に当てはまる新政府の方針を何というか，右下の資料を見て，答えなさい。

(五箇条《ごかじょう》の御誓文《ごせいもん》)

⑵ 年表中の ② に当てはまる語句を答えなさい。(岩倉《いわくら》使節団)

⑶ 年表中の ③ は，国会開設を求めたものである。何と呼ばれているか答えなさい。

(民撰《みんせん》議院設立《ぎいんせつりつ》の建白書《けんぱくしょ》)

⑷ 次のA～Dに最も関係の深い出来事を，年表中のア～カから選び，記号で答えなさい。

A 藩主《はんしゅ》に，土地と人民を政府に返還《へんかん》させた。

B 不安定だった政府の財政を安定させることができた。

C 政府の方針に不満を持つ士族が起こした反乱の中で最も大きな反乱であった。

D 政府は，県令《けんれい》や府知事を中央から派遣《はけん》し，治めさせた。

A(ア) B(ウ)

C(オ) D(イ)

一 広《ひろ》ク会議《かいぎ》ヲ興《おこ》シ万機公論《ばんきこうろん》ニ決《けっ》スベシ

一 上下《しょうか》心ヲ一《いつ》ニシテ盛《さかん》ニ経《けい》綸《りん》ヲ行ウベシ

一 官武一途庶民《かんぶいっとしょみん》ニ至《いた》ル迄《まで》，各其志《おのおのそのこころざし》ヲ遂《と》ゲ，人心《じんしん》ヲシテ倦《う》マザラシメンコトヲ要《よう》ス

一 旧来《きゅうらい》ノ陋習《ろうしゅう》ヲ破《やぶ》リ，天地《てんち》ノ公道《こうどう》ニ基《もと》クベシ

一 智識《ちしき》ヲ世界《せかい》ニ求《もと》メ，大《おおい》ニ皇基《こうき》ヲ振起《しんき》スベシ

⑸ 年表中の下線部a～cに関係の深い年齢《ねんれい》を，次のア～ウから選び，記号で答えなさい。

ア 6歳《さい》　イ 20歳　ウ 25歳

a(ア) b(イ) c(ウ)

(6) 年表中のⓐについて，このような工場を各地に造り，外国の優《すぐ》れた技術の普及《ふきゅう》に努めた政策を何と呼ぶか答えなさい。　（　殖産興業《しょくさんこうぎょう》　）

(7) 年表中のⓘについて，この憲法で，国の元首として統治することを定められたのはだれか答えなさい。　（　天皇　）

2 右の年表を見て，次の問いに答えなさい。

年	明治時代の主な外交
1871	① を結ぶ
1872	a 琉球藩を置く
1874	台湾《たいわん》に出兵する
1875	b 樺太・千島交換条約を結ぶ
	② が起こる
1876	日朝《にっちょう》修好条規を結ぶ
	ⓐ の領有を各国に通告する
1879	c 沖縄県を置く
1895	ⓘ の日本領への編入を内閣で決定する
1905	ⓤ の日本領への編入を内閣で決定する

(1) 日本と清《しん》との間で結ばれた ① の条約名を答えなさい。　（　日清修好条規《にっしんしゅうこうじょうき》　）

(2) 年表中の下線部aは，ある王国を琉球藩《りゅうきゅうはん》とした。この王国の名称《めいしょう》を答えなさい。　（　琉球王国　）

(3) 年表中の下線部bの樺《から》太《ふと》・千島交換《ちしまこうかん》条約により，樺太をある国の領土に，千島列島全てを日本領とした。このある国とはどこか，次のア～エから選び，記号で答えなさい。　（　エ　）

ア　アメリカ　　**イ**　イギリス　　**ウ**　フランス　　**エ**　ロシア

(4) 年表中の ② について，次の問いに答えなさい。

A　日本政府内では朝鮮《ちょうせん》との国交を開くために，武力によるべきという主張があった。この主張を何というか答えなさい。（　征韓論《せいかんろん》　）

B　この ② を口実にして，翌年朝鮮と条約を結んだ。この ② を何と呼ぶか答えなさい。　（　江華島《こうかとう》《カンファド》事件　）

(5) 年表中の下線部cについて，琉球藩を廃止《はいし》し，沖縄《おきなわ》県を設置したことを何というか答えなさい。　（　琉球処分《りゅうきゅうしょぶん》　）

(6) 年表中の ⓐ ～ ⓤ のうち，小笠原《おがさわら》諸島に当てはまるものを選び，記号で答えなさい。　（　ⓐ　）

得点アップ

◉定期テスト対策問題③◉

1 右の年表を見て，次の問いに答えなさい。

年	主な出来事
1883	a 鹿鳴館で舞踏会などを開く
1886	ノルマントン号事件が起こる
1894	朝鮮で，① が起こる
	イギリスと b 日英《にちえい》通商航海条約を結ぶ
	② が起こる
1895	② の c 講和条約を結ぶ
	d ロシアなどが，遼東《りょうとう》《リアオトン》半島の清《しん》への返還《へんかん》を，日本に勧告する
1899	中国で，③ が蜂起する
1900	伊藤博文《いとうひろぶみ》が，④ を結成する
1902	⑤ を結ぶ
1904	⑥ が起こる
1905	⑥ の e 講和条約を結ぶ
1910	⑦ を行い，朝鮮《ちょうせん》を支配する
1911	中国で，f 辛亥革命《しんがいかくめい》が起こる

(1) 年表中の下線部 a について，鹿鳴館《ろくめいかん》で舞踏会《ぶとうかい》を開くなどの井上馨《いのうえかおる》がとった政策を何というか答えなさい。

（ 欧化政策《おうかせいさく》 ）

(2) 年表中の ① は，東学《とうがく》を信仰《しんこう》する団体が組織した農民が朝鮮《ちょうせん》半島南部で蜂起《ほうき》したものである。これを何というか答えなさい。

（ 甲午農民《こうごのうみん》戦争 ）

(3) 年表中の下線部 b について，日本はこの条約でこれまで不平等であったあることの撤廃《てっぱい》に成功した。それは何かを答えなさい。また，この条約改正に成功した外相の人物名も答えなさい。

撤廃に成功したこと（ 領事《りょうじ》裁判権 ） 外相（ 陸奥宗光《むつむねみつ》 ）

(4) 年表中の ② の戦争名を答えなさい。 （ 日清《にっしん》戦争 ）

(5) 年表中の下線部 c について，この講和条約の名称《めいしょう》を答えなさい。

（ 下関《しものせき》条約 ）

(6) 年表中の下線部 d について，この勧告《かんこく》を何というか答えなさい。

（ 三国干渉《さんごくかんしょう》 ）

(7) 年表中の ③ は，「扶清滅洋《ふしんめつよう》」を唱えて蜂起した勢力である。この勢力を何というか答えなさい。 （ 義和団《ぎわだん》 ）

(8)　年表中の④は，何という政党か答えなさい。（　立憲政友会《りっけんせいゆうかい》　）

(9)　年表中の⑤は，イギリスと結んだものである。この名称を答えなさい。（　日英同盟《にちえいどうめい》　）

(10)　年表中の⑥の戦争名を答えなさい。（　日露《にちろ》戦争　）

(11)　年表中の下線部eについて，この講和条約の名称を答えなさい。

（ポーツマス条約）

(12)　年表中の⑦の出来事を答えなさい。（　韓国併合《かんこくへいごう》　）

(13)　年表中の下線部fにより，中国《ちゅうごく》にアジア初の共和国が建国された。この共和国の名称を答えなさい。（　中華民国《ちゅうかみんこく》　）

2　次の問いに答えなさい。

(1)　右の写真を見て，次の問いに答えなさい。

①　写真の製鉄所は，1901年に操業を開始した官営の製鉄所である。この製鉄所の名称を答えなさい。

（　八幡《やはた》製鉄所　）

②　この製鉄所は，ある戦争の賠償金《ばいしょうきん》の一部を使って建設された。その戦争名を答えなさい。（　日清戦争《にっしんせんそう》　）

(2)　産業革命が進む中，三井《みつい》・三菱《みつびし》・住友《すみとも》・安田《やすだ》などの資本家は，金融《きんゆう》や貿易・鉱業などの分野に進出し，日本経済を支配するようになった。このように日本経済を支配していたものを何というか答えなさい。（　財閥《ざいばつ》　）

(3)　欧米の文化に向き合う知識人の視点から「坊《ぼ》っちゃん」などの小説を発表した作家はだれか答えなさい。（　夏目漱石《なつめそうせき》　）

(4)　日露戦争に出征《しゅっせい》した弟を思う詩を発表した，ロマン主義の歌人はだれか答えなさい。（　与謝野晶子《よさのあきこ》　）

1 第一次世界大戦と日本

教科書　p.208〜p.215

要点整理

1 第一次世界大戦

①ヨーロッパ諸国の対立

・欧米《おうべい》諸国→世界に植民地→ヨーロッパ内対立

・三国協商《さんごくきょうしょう》：イギリス，フランス，ロシアがそれぞれ協商を結ぶ

・三国同盟《さんごくどうめい》：ドイツ，オーストリアの同盟関係に，イタリアが加わる

・「ヨーロッパの火薬庫《かやくこ》」と呼ばれたバルカン半島…オスマン帝国《ていこく》(トルコ)の衰退《すいたい》→スラブ民族の独立運動が活発化

②第一次世界大戦

・第一次世界大戦開戦までの流れ：発端《ほったん》は1914年，オーストリアの皇位継承者《けいしょうしゃ》夫妻がサラエボで暗殺される→オーストリアがセルビアに宣戦布告→各国が参戦

・同盟国：ドイツ・オーストリア・オスマン帝国(トルコ)

・連合国：イギリス・フランス・ロシアが中心

　・日本，イタリア，アメリカも連合国側で参戦

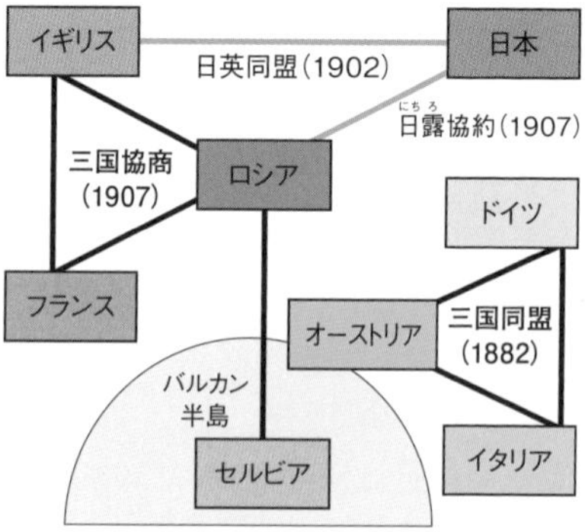

⬆第一次世界大戦前の国際関係

・新兵器：戦車，飛行機，毒ガス，潜水艦《せんすいかん》など→非常に大きな被害《ひがい》

・総力戦：大量の兵士と物資を送る→国民・経済・資源や科学技術を総動員し，国力を使い果たす戦争

超重要　第一次世界大戦の背景には三国同盟と三国協商の対立がある

でる!

❶第一次世界大戦の発生原因とその様子をおさえておこう。❷ロシア革命とレーニンはおさえておこう。❸ベルサイユ条約《じょうやく》と国際連盟《こくさいれんめい》は重要だよ。❹中国の反帝国運動(五・四運動),朝鮮の独立運動(三・一独立運動)は重要だよ。

2 ロシア革命

①ロシア革命

・社会主義勢力の拡大や,長引く第一次世界大戦の生活への影響《えいきょう》→皇帝《こうてい》の専制への不満爆発《ばくはつ》→1917年「パンと平和」を求めて労働者のストライキや兵士の反乱

・各地に労働者・兵士の代表会議(ソビエト)設立→皇帝退位,臨時政府樹立→**レーニン**の指導でソビエトに権力の基盤《きばん》を置く新政府の樹立(1917年,**ロシア革命**)

②シベリア出兵とソ連《れん》の成立

・社会主義の拡大をおそれる列強が干渉《かんしょう》戦争→**シベリア出兵**(イギリス・フランス・アメリカ・日本など)

・1922年,**ソビエト社会主義共和国連邦**《しゃかいしゅぎきょうわこくれんぽう》(ソ連)が成立

③独裁と計画経済

・ロシア革命を指導した政党は**共産主義**《きょうさんしゅぎ》の実現をかかげる→共産党と改名

・1928年,**五か年計画**をスターリンが開始…重工業の増強と農業の集団化(計画経済)→国力のばすが,一方で数百万人もの農民が餓死《がし》し,批判的な人々は追放・処刑《しょけい》された→独裁強化

3 国際協調の高まり

①ベルサイユ条約と国際連盟

・1918年,連合国の勝利で第一次世界大戦の終結→1919年,パリ講和会議

・**ベルサイユ条約**:戦勝国がドイツに責任をおし付ける→ドイツに巨額《きょがく》の賠償金《ばいしょうきん》や軍備縮小,領土縮小など

・**民族自決**《みんぞくじけつ》の原則:アメリカの**ウィルソン大統領**が唱える→東ヨーロッパで多くの民族が独立→アジアの民族運動に影響

- 国際連盟：1920年発足《ほっそく》→アメリカのウィルソン大統領の提案を基《もと》にして（本部はジュネーブ）
  - イギリス・フランス・イタリア・日本が常任理事国，アメリカは不参加（国内の反対）
  - 紛争《ふんそう》解決手段が限定されていたため，影響力は大きくなかった

②国際協調の時代

- アメリカがヨーロッパ諸国にかわって世界経済の中心になり，政治面でもアジア・太平洋地域で発言力強める
- ワシントン会議《かいぎ》（1921～22年）：海軍の軍備の制限（ワシントン海軍軍縮条約），太平洋地域経済の現状維持，中国《ちゅうごく》の独立と領土の保全→日英《にちえい》同盟解消
- 1920年代：ドイツも国際連盟に加入し，国際協調の時代に

③民主主義の拡大

- 1919年，ドイツでワイマール憲法：男女普通選挙や労働者の基本的権利の保護，社会福祉《ふくし》政策
- 女性：多くの国で職業と選挙権を得て，民主主義の新たな担《にな》い手となる
- イギリス：1924年，労働党内閣誕生

4 アジアの民族運動

①第一次世界大戦と日本

- 日本：1915年，中国に二十一《にじゅういっ》か条《じょう》の要求《ようきゅう》：山東省《さんとうしょう》《シャントン》のドイツ権益の継承《けいしょう》，旅順《りょじゅん》《リュイシュン》・大連《だいれん》《ターリエン》の租借《そしゃく》期間延長など満州《まんしゅう》の権益拡大→中国は主権をおかす要求として反発

②中国の反帝国主義運動

- 山東省の権益返還《へんかん》要求→パリ講和会議で拒絶《きょぜつ》→不満爆発→反日運動へ
- 五《ご》・四《し》運動《うんどう》：1919年５月４日，北京《ペキン》での学生集会→反日，反帝国《ていこく》主義運動→全国へ波及《はきゅう》

超重要 ウィルソンの提唱で国際連盟が結成されたが，力は弱かった

・孫文《そんぶん》《スンウェン》：中国国民党（国民党）を結成→中国共産党と協力し，中国の統一を目指す

③朝鮮《ちょうせん》の独立運動

・民族自決の考えに影響を受け，日本からの独立を目指す運動が起こる
・三《さん》・一《いち》独立運動：1919年３月１日，京城《けいじょう》（ソウル）から始まった独立運動→朝鮮総督府《そうとくふ》は運動を武力で鎮圧《ちんあつ》→朝鮮の人々に政治的な権利を一部認める統治方針に転換《てんかん》するも，日本への同化政策は進める→独立運動続く

④インドの民族運動

・イギリスの民族運動へのおさえこみに対する抵抗《ていこう》運動
・ガンディー：インド国民の指導者→非暴力・不服従の抵抗運動を唱え，イギリスからの独立運動を指導
・インドの独立：第二次世界大戦後の1947年独立→イスラム教徒とヒンドゥー教徒の対立→ガンディーは1948年に暗殺された

●袁世凱《えんせいがい》《ユアンシーカイ》

清《しん》国の有力軍人であったが，孫文の後1913年に大総統に就任。日本からの二十一か条の要求の大部分を認める一方で権力の拡大を目指し，1915年に皇帝を宣言したが国内の反発にあって取り消す。

●三・一独立宣言（部分）

我らはここに，朝鮮が独立国であること，および朝鮮人が自由民であることを宣言し，世界万国《ばんこく》に告ぐ。人の道が平等であることの大義を明らかにし，これを子孫万代《ばんだい》に伝え，民族が自立する正当な権利を永久に持たせる。

関連用語

ワシントン会議《かいぎ》　1921年から22年にかけ，アメリカの呼びかけで開かれた軍縮会議。海軍の軍備の制限，中国の独立，中国の領土の保全を確認した。この会議で1902年に結んだ日英同盟は解消された。

新渡戸《にとべ》稲造《いなぞう》　1920年に発足した国際連盟で，事務次長に選ばれ国際平和に尽力した日本を代表する国際人。著書「武士道」で日本人の道徳観を海外に広く紹介した人物としても知られている。

要点チェック

□イギリス，フランス，ロシアはそれぞれ協商を結んだ。この３か国の関係を何というか。	三国協商《さんごくきょうしょう》
□ドイツ，オーストリア，イタリアの間で1882年に成立した同盟関係は何か。	三国同盟《さんごくどうめい》
□バルカン半島は，オスマン帝国《ていこく》の衰退《すいたい》にともない，スラブ民族の独立運動が盛《さか》んとなり，何と呼ばれたか。	ヨーロッパの火《か》薬庫《やくこ》
□オーストリア皇位継承者《けいしょうしゃ》夫妻の暗殺事件をきっかけに起こった戦争は何か。	第一次世界大戦
□国民・経済・資源や科学技術全てを総動員する戦い方を何というか。	総力戦《そうりょくせん》
□日本が第一次世界大戦に参戦したのはどこの国との同盟関係にあったからか。	イギリス
□第一次世界大戦に，アメリカは同盟国，連合国のどちら側に参戦したか。	連合国
□ロシアで「パンと平和」を求める労働者や兵士の代表会議を何というか。	ソビエト
□社会主義の指導者レーニンの運動の根拠となった学説はだれが唱えたものか。	マルクス
□社会主義者レーニンの指導の下《もと》，ソビエトに権力の基盤《きばん》を置く政府を成立させた革命は何か。	ロシア革命
□社会主義の拡大をおそれ，イギリス・フランス・アメリカ・日本などが起こしたロシア革命への干渉《かんしょう》戦争は何か。	シベリア出兵
□ロシアへの干渉戦争に勝利し，国内の反革命派も鎮《ちん》圧《あつ》して成立した国はどこか。	ソビエト社会主義《しゃかいしゅぎ》共和国連邦《きょうわこくれんぽう》(ソ連)
□レーニンの後に指導者となったのはだれか。	スターリン

□レーニンの後の指導者が行った重工業の増強と農業の集団化を掲げた計画は何か。	「五か年計画」
□第一次世界大戦の講和会議で調印された条約は何か。	ベルサイユ条約
□アメリカのウィルソン大統領の提案を基《もと》に，1920年に発足《ほっそく》した国際機関は何か。	国際連盟《こくさいれんめい》
□上記の機関で，日本はどのような地位にあったか。	常任理事国
□上記の機関の本部が置かれた都市はどこか。	ジュネーブ
□パリ講和会議で厳しい講和条件を課された国はどこか。	ドイツ
□パリ講和会議でウィルソン大統領によって提案され，民族の独立運動に影響を与えた原則は何か。	民族自決《みんぞくじけつ》の原則
□「武士道」を著し，日本人の道徳観を海外に紹介したのはだれか。	新渡戸稲造《にとべいなぞう》
□1921年から22年にかけてアメリカの呼びかけで，海軍の軍備制限や中国の領土保全などを確認した会議を何というか。	ワシントン会議《かいぎ》
□労働者の基本的権利の保障，社会福祉《ふくし》政策の導入を定めた，1919年にドイツで制定された憲法とは何か。	ワイマール憲法
□日本が，1915年に中国に対し山東省《さんとうしょう》《シャントン》のドイツ権益の継承《けいしょう》などを認めさせた要求は何か。	二十一《にじゅういっ》か条《じょう》の要求
□1919年５月４日，中国で起こった反日，反帝国主義運動を何と呼ぶか。	五《ご》・四《し》運動
□中国国民党（国民党）を結成した人物はだれか。	孫文《そんぶん》《スンウエン》
□日本が朝鮮《ちょうせん》の植民地政策のために置いた役所を何というか。	朝鮮総督府《ちょうせんそうとくふ》
□1919年に始まった朝鮮《ちょうせん》の独立運動を何と呼ぶか。	三《さん》・一《いち》独立運動
□非暴力・不服従の抵抗《ていこう》運動を唱え，イギリス人からのインド独立運動を指導したのはだれか。	ガンディー

2 大正デモクラシーの時代

教科書　p.216〜p.221

要点整理

1 大正デモクラシーと政党内閣の成立

①第一次護憲運動

・藩閥《はんばつ》の桂太郎《かつらたろう》内閣の成立→藩閥をたおし，憲法に基《もと》づく政治を守る運動が起こる（第一次**護憲運動**）→民衆の支持を得て盛り上がり，桂内閣退陣《たいじん》

②大戦景気と米騒動《こめそうどう》

・**大戦景気**：第一次世界大戦による日本の好況《こうきょう》→輸出好調で重化学工業発展

・1918年，**米騒動**：シベリア出兵を見こした米の買いしめが原因

③本格的な政党内閣の成立

・**原敬《はらたかし》**内閣：ほとんどの閣僚《かくりょう》が立憲政友会の党員である本格的な**政党内閣**

④大正デモクラシーの思想

・吉野作造《よしのさくぞう》の**民本主義《みんぽんしゅぎ》**：政治目的を一般《いっぱん》民衆の幸福や利益に置き，一般民衆の意向に沿って政策を決定することを主張

・美濃部達吉《みのべたつきち》の天皇機関説：主権は国家にあり，天皇は国家の最高機関として憲法に従って統治を行うという学説

2 広がる社会運動と男子普通選挙の実現

①社会運動の広がり

・労働運動：ストライキなどの**労働争議《ろうどうそうぎ》**，1921年日本労働総同盟が誕生

・農民運動：小作《こさく》料の減額などを求める**小作争議《こさくそうぎ》**→日本農民組合の結成

②差別からの解放を求めて

・**全国水平社《ぜんこくすいへいしゃ》**：部落差別に苦しむ被差別《ひさべつ》部落の人々による部落解放運動

・北海道《ほっかいどう》アイヌ協会：アイヌ民族の解放運動→社会的地位の向上訴え

③女性による運動／④男子普通選挙の実現

超重要　護憲運動→政党内閣→普通選挙法《ふつうせんきょほう》と治安維持法《ちあんいじほう》の成立

でる! ❶原敬の政党内閣の成立はしっかりおさえておこう。❷民本主義の吉野作造，美濃部達吉の「天皇機関説」はよく出るよ。❸全国水平社の結成，普通選挙法の成立と治安維持法は重要だよ。

・**平塚《ひらつか》らいてう《(ちょう)》**：女性解放を唱え青鞜社《せいとうしゃ》を結成→1920年，新婦人協会を設立
・第二次護憲運動→1924年加藤高明《かとうたかあき》内閣成立→翌年二つの法律を制定
　・1925年，**普通選挙法**：納税額の制限廃止《はいし》→満25歳《さい》以上の男子に選挙権
　・1925年，**治安維持法**：共産主義に対する取りしまりの強化

3 新しい文化と生活

①教育の広がり

・中等・高等教育が普及《ふきゅう》，小学校でも自主性を重視する自由教育運動始まる

②メディアの発達と文化の大衆化

・活字文化：新聞・週刊誌・総合雑誌の発行，円本《えんぽん》，子ども向け雑誌
・メディア：レコード，1925年に開始した**ラジオ放送《ほうそう》**は全国に普及

③新しい思想や文化

・哲学《てつがく》：西田幾多郎《にしだきたろう》(東洋と西洋の哲学の統一)　・民芸運動：柳宗悦《やなぎむねよし》
・文学：志賀直哉《しがなおや》(白樺派《しらかば》)，谷崎潤一郎《たにざきじゅんいちろう》，**芥川龍之介《あくたがわりゅうのすけ》**(「羅生門《らしょうもん》」)，小林多喜二《こばやしたきじ》
・美術：岸田劉生《きしだりゅうせい》(「麗子微笑《れいこびしょう》」)，竹久夢二《たけひさゆめじ》
・音楽：野口雨情《のぐちうじょう》(童謡)，山田耕筰《やまだこうさく》(洋楽)，宮城道雄《みやぎみちお》(邦楽《ほうがく》〈箏曲《そうきょく》〉)

④都市の生活

・欧米《おうべい》風の生活様式の広まり：「文化住宅」の流行／洋食…ライスカレー・トンカツ・コロッケ／働く女性が増加(バスガールや電話交換手《こうかんしゅ》)

関連用語

青鞜社　女性差別からの解放を求めて結成されたのが青鞜社。「**元始《げんし》，女性は実に太陽であった**」と宣言した。新婦人協会を設立し女子高等教育の拡充や男女共学などを求めて運動した。

米騒動　1918年，富山《とやま》県で主婦が米屋におしかけ，米の安売りを要求したのがきっかけで全国に拡大した。

治安維持法　のちに最高刑《さいこうけい》を死刑《しけい》に改めるなど強化され，共産主義者に限らず，自由主義者や宗教家まで取りしまりの対象とされた。

要点チェック

□憲法に基《もと》づく政治を守ることをスローガンとした運動とは何か。	護憲運動
□1912年に藩閥《はんばつ》勢力の中から首相になった人物はだれか。	桂太郎《かつらたろう》
□第一次世界大戦によって，日本経済が好況《こうきょう》になったが，そのころの景気を特に何というか。	大戦景気
□シベリア出兵を見こした米の買いしめが原因で始まった騒乱《そうらん》を何というか。	米騒動《こめそうどう》
□本格的な政党内閣《せいとうないかく》を組織し,「平民宰相《さいしょう》」と呼ばれた政治家はだれか。	原敬《はらたかし》
□原敬内閣の中心になった政党を何というか。	立憲《りっけん》政友会
□第一次世界大戦後に，民主主義が強く唱えられた風潮を特に何というか。	大正デモクラシー
□政治目的を一般《いっぱん》民衆の幸福や利益に置き，一般民衆の意向に沿った政策を決定することを主張した思想を何というか。	民本主義《みんぽんしゅぎ》
□上記の思想を主張した政治学者はだれか。	吉野作造《よしのさくぞう》
□主権は国家にあり，天皇は国家の最高機関として憲法に従って統治するという学説とは何か。	天皇機関説
□労働条件の改善を求め，労働者がストライキなどを行うことを何というか。	労働争議《ろうどうそうぎ》
□農村で，小作《こさく》料の減額などを求めてしきりに起こった争いを何というか。	小作争議《こさくそうぎ》
□日本で最初にメーデーが行われた翌年に結成された労働組合の全国組織を何というか。	日本労働総同盟
□第一次世界大戦後のあと社会主義運動が活性化するなかで，1920年に結成された社会主義団体を何というか。	日本社会主義同盟

□被差別《ひさべつ》部落からの解放を訴えた運動家で，水平社宣言を起草した人物はだれか。	西光万吉《さいこうまんきち》
□北海道でアイヌ民族の解放を目指して結成され，アイヌ民族の社会的地位の向上に取り組んだ団体を何というか。	北海道アイヌ協会
□部落解放運動を進めるために，1922年に結成された組織は何か。	全国水平社《ぜんこくすいへいしゃ》
□「元始《げんし》，女性は実に太陽であった。真正の人であった。～」との宣言はどこから出されたものか。	青鞜社《せいとうしゃ》
□上記の団体を結成し，新婦人協会を設立するなど，女性の権利獲得《かくとく》を目指した運動家はだれか。	平塚《ひらつか》らいてう《(ちょう)》
□1924年に誕生した連立内閣の首相となったのはだれか。	加藤高明《かとうたかあき》
□1925年の普通選挙法《ふつうせんきょほう》によって廃止《はいし》された選挙の制限は何か。	納税額の制限
□普通選挙法と同年に制定された，共産主義などに対する取りしまりを目的とした法律は何か。	治安維持法《ちあんいじほう》
□東洋と西洋の哲学《てつがく》を統一しようとした哲学者はだれか。	西田幾多郎《にしだきたろう》
□志賀直哉《しがなおや》など人道主義をかかげた人々を何と呼ぶか。	白樺《しらかば》派
□「羅生門《らしょうもん》」などで知られる小説家はだれか。	芥川龍之介《あくたがわりゅうのすけ》
□「蟹工船《かにこうせん》」などのプロレタリア文学作品を書いたのはだれか。	小林多喜二《こばやしたきじ》
□朝鮮《ちょうせん》の美術工芸や日本の民芸など，民衆の道具に美しさを見いだし，民芸運動を起こした人物はだれか。	柳宗悦《やなぎむねよし》
□1923年９月１日に起こった，東京・横浜《よこはま》を中心にした大地震による災害を何というか。	関東大震災
□「麗子微笑《れいこびしょう》」を描いた洋画家はだれか。	岸田劉生《きしだりゅうせい》
□日本初の職業オーケストラを作った音楽家はだれか。	山田耕筰《やまだこうさく》

3 世界恐慌と日本の中国侵略

教科書　p.222〜p.231

要点整理

1 世界恐慌《せかいきょうこう》とブロック経済

①世界恐慌の始まり

・1929年10月，ニューヨーク株式市場《しじょう》の株価が大暴落→多くの銀行が倒産《とうさん》→企業の倒産・失業者増→物が売れずさらに倒産する悪循環《あくじゅんかん》→恐慌へ

・アメリカは多くの国に資金を貸し付け→恐慌が世界中に拡大（**世界恐慌**）

②ニューディール

・**ニューディール**（新規巻き直し）を開始：ローズベルト大統領の恐慌対策

　・農業や工業の生産調整，公共事業などによる失業者の救済，労働組合の保護など→経済の回復へ→国民の支持を得，民主主義の政治を維持

・世界最大の貿易国であるアメリカは自国を優先し，保護貿易へ→アメリカへの輸出が重要だった国々は大打撃《だげき》を受ける

③ブロック経済

・**ブロック経済**：植民地など本国と関係の深い国や地域を囲いこみ，その中だけで経済を成り立たせる仕組み→イギリスやフランスが実施《じっし》→日本は不利

・10年ほど続いた深刻な不況→自国第一の政策の追求→国際協調体制が大きくゆらぐ

・ソ連《れん》：五か年計画（1928年より）を推進→世界恐慌の影響《えいきょう》を受けることなく成長→アメリカに次ぐ工業国に

2 欧米《おうべい》の情勢とファシズム

①ファシズム

・**ファシズム**：個人の自由や民主主義を否定（全体主義），おとるとされる他民族への攻撃《こうげき》や武力による他国の侵略《しんりゃく》も正当化する体制

超重要　世界恐慌→ニューディールやブロック経済→国際協調の後退

でる!

❶世界恐慌と各国がとった政策の特徴《とくちょう》を覚えておこう。❷「ブロック経済」はよく出る用語だよ。❸満州事変《まんしゅうじへん》からの軍部の動きと政党内閣の終わりについておさえておこう。❹日中戦争《にっちゅうせんそう》は重要だよ。

②イタリアのファシズム

・ファシスト党を率いる**ムッソリーニ**が，1922年に首相《しゅしょう》となる…独裁政治を行い，言論や集会の自由を制限→世界恐慌後の経済の行きづまり→エチオピアを侵略し，1936年に併合《へいごう》

③ドイツのファシズム

・ドイツの経済の混乱→**ヒトラー**の率いる**ナチス**(**国民社会主義《こくみんしゃかいしゅぎ》ドイツ労《ろう》働者党《どうしゃとう》**)がベルサイユ条約に対する国民の不満をあおる，ユダヤ人の迫《はく》害《がい》，共産主義者への攻撃《こうげき》

・1932年にナチスは第一党→1933年，ヒトラーが首相になる→独裁を確立

　・国際連盟脱退，軍備の増強→公共事業と軍需《ぐんじゅ》産業で経済が回復→全体主義国家へ

3 昭和恐慌《しょうわきょうこう》と政党内閣の危機

①政党政治の進展と行きづまり

・「**憲政《けんせい》の常道《じょうどう》**」：憲政会(後の立憲民政党)と立憲政友会の二大政党の党首が交互《こうご》に内閣を組織する慣例→政党政治は次第《しだい》に行きづまった

②昭和恐慌

・第一次世界大戦後の不況と**関東大震災《かんとうだいしんさい》**後の経済の混乱→1927年に金融《きんゆう》恐慌が発生→多数の銀行が休業へ

・世界恐慌の影響で，1930年に**昭和恐慌**が起こる→都市では企業《きぎょう》の倒産と失業者の増大，農村では米やまゆの価格の暴落

・労働争議《ろうどうそうぎ》，小作争議《こさくそうぎ》の激化→財閥《ざいばつ》と結び付いた政党政治への不信

③難航する外交

・**蔣介石《しょうかいせき》《チャンチェシー》**：国民党の新指導者へ→国内統一を進める→1927年に南京《ナンキン》に国民政府…列強《れっきょう》の持つ権益の回収を唱える→中国《ちゅうごく》共産党との内戦へ

・1928年，満州《まんしゅう》の直接支配を目指した日本軍(関東《かんとう》軍)が満州の軍閥《ぐんばつ》の一人張作霖《ちょうさくりん》《チャンツォリン》を爆殺《ばくさつ》→逆に国民政府の支配が満州までおよぶ

・浜口雄幸《はまぐちおさち》内閣が，1930年にロンドン海軍軍縮条約を結ぶ→一部軍人や国家主義者が天皇の権限の侵害《しんがい》と政府を攻撃《こうげき》

4 満州《まんしゅう》事変と軍部の台頭

①満州事変と日本の国際的な孤立《こりつ》

・1931年９月18日，中国の奉天郊外《ほうてんこうがい》の柳条湖《りゅうじょうこ》《リウティアオフー》で関東軍が南満州鉄道を爆破《ばくは》(柳条湖事件)→**満州事変《まんしゅうじへん》**を起こす→1932年，清《しん》の最後の皇帝であった溥《ふ》《プ》儀《ぎ》《イ》を元首に**満州国《まんしゅうこく》**の建国を宣言

・中国が国際連盟に日本の軍事行動を侵略《しんりゃく》と訴《うった》える→リットンを団長に調査団を派遣《はけん》(リットン調査団)→国際連盟の総会は満州国を不承認《しょうにん》，日本軍の撤兵を要求→日本は国際連盟を脱退《だったい》

・日本の国際的な孤立→1936年，ドイツとの間に日独《にちどく》防共協定を結ぶ

②軍部の発言力の高まり

・1932年，**五《ご》・一五事件《いちごじけん》**：海軍の青年将校などが首相官邸《しゅしょうかんてい》をおそい，**犬養《いぬかい》毅《つよし》**首相(満州国承認に反対)を暗殺→政党内閣の終わり

・1936年，**二《に》・二六事件《にろくじけん》**：陸軍の青年将校が大臣などを殺傷，東京の中心部を占拠《せんきょ》→この事件をきっかけに軍部の発言力が強まり，軍備の増強へ

③経済の回復と重化学工業化

・日本の綿製品の輸出が増加→ブロック経済を採ったイギリスなどとの間で貿易摩擦《まさつ》が深刻化

・軍需《ぐんじゅ》品の生産と政府の保護で重化学工業が発展し，新しい財閥《ざいばつ》が成長→朝鮮《ちょうせん》，満州にも進出

5 日中戦争と戦時体制

①日中戦争の開始と長期化

・中国では国民政府(国民党)と共産党の内戦→抗日《こうにち》運動の盛り上がり→毛《もう》《マオ》

超重要 日本は，満州事変→満州国の建国→日中戦争へと戦争の道を進む

沢東《たくとう》《ツォトン》の率いる共産党と蔣介石《しょうかいせき》が指導する国民党が，1936年に停戦へ
・1937年７月，日中両国軍の盧溝橋《ろこうきょう》《ルーコウチアオ》付近での武力衝突《しょうとつ》(盧溝橋事件)がきっかけ→**日中戦争**が始まる→日中の全面戦争に発展
・国民党と共産党は，日本との戦争のための協力体制を決定→抗日民族統一戦線の結成
・1937年末，日本軍が首都の南京《ナンキン》を占領《せんりょう》→女性や子どもなど一般《いっぱん》人や捕虜《ほりょ》などの多数の中国人を殺害(南京事件)

②強まる戦時体制／③皇民化政策

・日中戦争の長期化→日本政府は軍部の要求で軍事費を増加，**戦時体制**へ
・近衛文麿《このえふみまろ》内閣の下《もと》で，1938年，**国家総動員法**《こっかそうどういんほう》の制定→政府は，議会の承認なしに，労働力や物資を動員できるようになった
・1940年，近衛内閣は国を一丸とする強力な政治体制を作る運動を始める→政党を解散し，新たに結成された**大政翼賛会**《たいせいよくさんかい》に合流
　・労働組合なども解散
・国民生活の統制強化：軍需《ぐんじゅ》品の生産が優先→生活必需《ひつじゅ》品の供給の減少→米・砂糖・マッチ・衣料品などが配給制や切符《きっぷ》制へ
・隣組《となりぐみ》：住民を相互《そうご》に監視《かんし》することを目的とした組織
・1941年，小学校は国民学校へ→軍国主義的な教育が進められる
・**皇民化政策**《こうみんかせいさく》：植民地の朝鮮《ちょうせん》で，日本語の使用，神社への参拝，姓名《せいめい》の表し方を日本式に改めさせる創氏改名などの政策
・志願兵制度の実施《じっし》などで朝鮮の人々も戦争に動員
・台湾《たいわん》でも，皇民化政策や戦時動員が行われた

関連用語

恐慌《きょうこう》　景気《けいき》が，好況《こうきょう》から急激に不況《ふきょう》になること。

浜口雄幸内閣　政府がロンドン海軍軍縮条約を結んだことは，天皇の軍を指揮する権限を侵害することになると軍人や国家主義者が強く批判した。浜口首相は，おそわれて重傷を負い，辞任に追いこまれた。

満州事変　きっかけは関東軍が仕組んだ南満州鉄道爆破事件であった。関東軍は，この爆破事件を中国軍がしたこととして軍事行動を起こした。

要点チェック

□1929年10月，ニューヨーク株式市場《しじょう》の株価が大暴落したことをきっかけに起きた経済の混乱が世界に波《は》及《きゅう》したことを何と呼ぶか。	世界恐慌《せかいきょうこう》
□アメリカのローズベルト大統領が実行した恐慌対策を何と呼んでいるか。	ニューディール（新規巻き直し）
□植民地など本国と関係の深い国や地域を囲いこみ，その中だけで経済を成り立たせることを何というか。	ブロック経済
□オーストラリア，インド，アルゼンチンなどとブロック経済を形成した本国はどこか。	イギリス
□五か年計画を推進していたために世界恐慌の影響《えいきょう》を受けず，アメリカに次ぐ工業国になった国はどこか。	ソ連《れん》
□個人の自由や民主主義を否定し（全体主義），おとったとされる他民族への攻撃《こうげき》や他国の侵略《しんりゃく》も正当化した体制とは何か。	ファシズム
□イタリアでファシスト党を率いて政権を獲得《かくとく》したのはだれか。	ムッソリーニ
□ドイツでナチス（国民社会主義《こくみんしゃかいしゅぎ》ドイツ労働者党《ろうどうしゃとう》）を率いて政権を獲得したのはだれか。	ヒトラー
□世界恐慌が日本におよんで起きた恐慌を何と呼ぶか。	昭和恐慌《しょうわきょうこう》
□孫文《そんぶん》《スンウェン》の死後に，新たな指導者として中国《ちゅうごく》国民党を率いていたのはだれか。	蔣介石《しょうかいせき》《チャンチェシー》
□中国国民党が南京《ナンキン》に樹立《じゅりつ》した政府は何か。	国民政府
□一部の軍人や国家主義者から，天皇の権限を侵害《しんがい》したと激しく非難された，浜口雄幸《はまぐちおさち》内閣が調印した条約は何か。	ロンドン海軍軍縮条約

□中国の奉天郊外《ほうてんこうがい》の柳条湖《りゅうじょうこ》《リウティアオフー》で南満州鉄道《みなみまんしゅうてつどう》を爆破《ばくは》した事件がきっかけで起きた戦争は何か。	満州事変《まんしゅうじへん》
□清《しん》の最後の皇帝《こうてい》であった溥儀《ふぎ》《プイ》を元首とすることで，建国された国は何か。	満州国《まんしゅうこく》
□中国が，日本の満州事変などの軍事行動が侵略だと訴《うった》えたために，国際連盟が派遣《はけん》した調査団は何か。	リットン調査団
□共産主義勢力の進出に対抗《たいこう》するという理由でドイツと結んだ条約は何か。	日独《にちどく》防共協定
□1932年５月，海軍の青年将校などが首相官邸《しゅしょうかんてい》をおそい，首相を暗殺した事件は何か。	五《ご》・一五《いちご》事件
□上記の事件で暗殺された首相はだれか。	犬養毅《いぬかいつよし》
□1936年２月，陸軍の青年将校が大臣などを殺傷し，東京の中心部を占拠《せんきょ》した事件は何か。	二《に》・二六《にろく》事件
□中国共産党を率いていた人物はだれか。	毛沢東《もうたくとう》《マオツォトン》
□1937年７月，北京《ペキン》郊外の盧溝橋《ろこうきょう》《ルーコウチアオ》付近で日中両国軍が武力衝突《しょうとつ》した盧溝橋事件をきっかけに起きた戦争とは何か。	日中戦争
□上記の戦争を戦うために中国共産党が呼びかけて成立した，国民党との協力体制を何と呼ぶか。	抗日《こうにち》民族統一戦線
□1937年末に，南京《ナンキン》を占領《せんりょう》した日本軍が，一般《いっぱん》の人々や捕虜《ほりょ》などを多数殺害した事件を何というか。	南京事件
□政府が，議会の承認《しょうにん》なしに，労働力や物資を動員できるようになった法律は何か。	国家総動員法《こっかそうどういんほう》
□近衛文麿《このえふみまろ》内閣の下《もと》で，政党を解散し，新たに結成された組織は何か。	大政翼賛会《たいせいよくさんかい》
□植民地の朝鮮《ちょうせん》で日本が行った，日本語の使用，神社への参拝，姓名《せいめい》の表し方を日本式に改めさせる創氏改名などの政策を何と呼ぶか。	皇民化政策《こうみんかせいさく》

4 第二次世界大戦と日本

教科書　p.232〜p.245

要点整理

1 第二次世界大戦の始まり

①大戦の開始

・ドイツ：ヒトラーのナチス・ドイツが東方への侵略《しんりゃく》を進める

　・ソ連と独《どく》ソ不《ふ》可《か》侵条約《しんじょうやく》を結び，1939年９月ポーランド侵攻《しんこう》

・イギリスとフランス：ドイツの侵略に妥協的《だきょうてき》だったがポーランドを援助《えんじょ》する条約により，ドイツに宣戦布告→第二次世界大戦の開始

②戦争の拡大

・ドイツの攻撃《こうげき》：北ヨーロッパ（デンマーク，ノルウェー）や，西ヨーロッパ（オランダ，ベルギーなど）→パリ占領《せんりょう》で，フランスが降伏《こうふく》

・1940年９月，日独《にちどく》伊《い》三国同盟《さんごくどうめい》：ドイツ・イタリア・日本が結束を強化

・ソ連がポーランド東部，バルト三国《さんごく》を併合《へいごう》→独ソ不可侵条約の時に結んだ秘密の取り決めによる

・1941年６月，ドイツが独ソ不可侵条約を破り，ソ連に侵攻→独ソ戦の開始

・1941年８月，アメリカのローズベルト大統領とイギリスのチャーチル首《しゅ》相《しょう》は大西洋憲章を発表→戦後の平和構想を示す

・戦争の構図：ファシズム（枢軸国《すうじくこく》）と反ファシズム（連合国）の戦争

③ドイツの占領政策

・過《か》酷《こく》な占領政策：反抗《はんこう》する者を弾圧《だんあつ》，物資の強制的な調達，強制連行

・ユダヤ人への徹底《てってい》的な差別：アウシュビッツなどの強制収容所に送り，労働させ，殺害

・ヨーロッパ各地で，ドイツへの協力拒否《きょひ》や，武力などによる抵抗《ていこう》運動（レジスタンス）が行われた

超重要　1941年，太平洋戦争《たいへいようせんそう》は，真珠湾《しんじゅわん》奇襲《きしゅう》とマレー半島上陸で開始

でる!

❶第二次世界大戦開始の背景とドイツの占領政策はおさえておこう。❷「ポツダム宣言《せんげん》」はよく出る用語だよ。❸日本への空襲《くうしゅう》の始まりから原爆《げんばく》投下，ポツダム宣言受諾《じゅだく》をおさえておこう。

2 太平洋戦争の開始

①日本の南進

・南進の目的：アメリカ・イギリスが中国を支援《しえん》する援蔣《えんしょう》ルートを断《た》つこと，石油やゴムなどの資源の獲得《かくとく》

・1940年９月，フランス領インドシナの北部への侵攻，日独伊《にちどくい》三国同盟

・1941年４月，**日《にっ》ソ中立条約《ちゅうりつじょうやく》**：北方の安全を確保→南進の継続《けいぞく》

・日本の唱えた「**大東亜共栄圏《だいとうあきょうえいけん》**」：欧米《おうべい》の植民地支配を打破し，アジアの民族だけでの繁栄《はんえい》を主張

②日米交渉《こうしょう》の決裂《けつれつ》

・日本のフランス領インドシナ南部侵攻→アメリカが石油などの輸出禁止

　・アメリカ(A)，イギリス(B)，中国(C)，オランダ(D)による日本を経済的に封鎖《ふうさ》する「ABCD包囲陣《じん》」を打ち破るために，早期開戦を主張

・アメリカは中国とフランス領インドシナからの全面撤兵《てっぺい》要求→近衛《このえ》内閣の次に成立した**東条英機《とうじょうひでき》**内閣と軍部は，アメリカとの戦争を決定

③太平洋戦争の始まり

・1941年12月８日，**太平洋戦争**の開始：日本軍は，アメリカ海軍基地のあるハワイの真珠湾《しんじゅわん》を奇襲攻撃《きしゅうこうげき》，イギリス領のマレー半島にも上陸

・ドイツ，イタリアもアメリカに宣戦布告→枢軸国と連合国の世界規模の戦争に拡大

・日本は東南アジアから南太平洋にかけての広大な地域を短期間で占領

・1942年６月，日本はミッドウェー海戦で敗北し，攻勢《こうせい》が止まる→長期戦へ

3 戦時下の人々

①国民の動員

・兵員の不足→**学徒出陣《がくとしゅつじん》**：文科系の大学生などが軍隊に召集《しょうしゅう》

・労働力の不足→軍需《ぐんじゅ》工場などで勤労動員として中学生・女学生，未婚《みこん》の女性までが働かされた

・**集団疎開《そかい》**：空襲《くうしゅう》の激化で，都市の小学生は農村に集団で疎開

②植民地と占領《せんりょう》地／③総力戦と犠牲者《ぎせいしゃ》

・多数の朝鮮《ちょうせん》人・中国人：日本に強制的に連れてこられる→過酷《かこく》な労働

・東南アジア：労働の強制，物資の取り上げなど→抵抗《ていこう》運動発生→弾圧《だんあつ》

・第二次世界大戦：第一次世界大戦を上回る規模の総力戦

・第二次世界大戦の死者：全世界で5000万人をこえると推計→軍人よりも民間人の犠牲者のほうが多い

4 戦争の終結

①イタリアとドイツの降伏《こうふく》

・連合国側の反撃《はんげき》：1942年後半から連合国が反撃を開始→巨大《きょだい》な経済力・軍事力を持つアメリカが中心，枢軸国《すうじくこく》を追いつめる

1943年９月イタリア降伏，1945年５月ドイツ降伏

②空襲と沖縄《おきなわ》戦

・1944年７月，サイパン島陥落《とうかんらく》→東条《とうじょう》内閣退陣《たいじん》，本土への空襲が激化

・空襲：軍需工場攻撃《こうげき》→1945年３月，**東京大空襲《とうきょうだいくうしゅう》**から都市への無差別爆撃《ばくげき》

・**沖縄戦**：1945年３月，アメリカ軍が上陸→中学生や女学生まで兵士や看護要員として動員→沖縄県の人口の約４分の１（12万人以上）が犠牲

③日本の降伏

・**ポツダム宣言《せんげん》**：1945年７月に連合国が発表，日本に無条件降伏を求める

・**原子爆弾《げんしばくだん》**（**原爆《げんばく》**）の投下：1945年８月６日に広島《ひろしま》，９日に長崎《ながさき》に投下

・ソ連の参戦：**ヤルタ会談**（ソ連・アメリカ・イギリス）での秘密協定に基《もと》づく→８月８日，日《にっ》ソ中立条約を破り宣戦布告，満州《まんしゅう》・朝鮮に侵攻《しんこう》

・日本の無条件降伏：ポツダム宣言を受け入れ無条件降伏→８月15日に昭和天皇のラジオ放送（玉音《ぎょくおん》放送）で国民に知らせる

超重要 1945年８月に日本は，ポツダム宣言を受諾《じゅだく》→無条件降伏

もっと歴史　「解放令」から水平社《すいへいしゃ》へ　教科書 p.240〜241

①**「解放令」（「賤称廃止《せんしょうはいし》令」）とその後**：1871年，大阪府が「**解放令**」を府内の町村へ→「身分職業平民同様とする」という文を根拠《こんきょ》に大商人は皮革《ひかく》産業へ進出→被差別《ひさべつ》部落の皮革産業衰退

②**部落改善運動の始まり**：三重県の被差別部落内部から始まった運動

③**水平社創立と山田孝野次郎《やまだこのじろう》**：山田孝野次郎…25歳《さい》で亡くなるまで，水平社の活動に主体的に参加／「破戒《はかい》」…部落差別をえがいた島崎藤村《しまざきとうそん》の小説

もっと歴史　オリンピック・パラリンピックと日本　教科書 p.242〜243

①**近代オリンピックの成立**：紀元前にギリシャ「オリンピア祭典競技」→1896年，近代オリンピック第１回大会がアテネで開催

・**パラリンピック**：イギリスでの障がい者対象の国際的競技大会が起源《きげん》

②**日本のオリンピックへの参加**：1921年，ストックホルムで行われた第５回大会に初参加→1940年，第12回東京開催予定が日中戦争で中止

③**日本で開催されたオリンピック・パラリンピック**：1964年，第18回夏季大会が東京で開催→1972年に冬季大会が札幌《さっぽろ》，1998年に冬季大会が長野で開催→2021年夏季大会が東京で開催予定

地域の歴史を調べよう５　東京大空襲の記憶を伝える　教科書 p.244〜245

◆隅田川《すみだがわ》のほとりに立つ，「東京大空襲戦災《くうしゅうせんさい》犠牲者《ぎせいしゃ》追悼碑《ついとうひ》」の見学や墨田《すみだ》区立「すみだ郷土文化資料館」での調査や戦災被災者からの聞き取り調査などで，空襲のすさまじさや悲惨《ひさん》さなどを知る

◆自分たちにできることを話し合い，大空襲についてインターネットを使って発信し，より多くの人に知ってもらう取り組みをした

関連用語

日独伊三国同盟《にちどくいさんごくどうめい》　３国間の相互援助《そうごえんじょ》を取り決めた軍事同盟条約。ヨーロッパではドイツとイタリア，アジアでは日本が指導的立場に立つことを，おたがいに確認《かくにん》している。

無差別爆撃　軍需工場や基地などの軍事目標ではなく都市を目標とする空襲。爆撃には焼夷弾《しょういだん》が使われた。これは火災を起こすことを目的としたもので，木造家屋が密集している日本の都市には特に有効であると考えられていた。

要点チェック

□1939年８月，ドイツがソ連《れん》と結んだ条約は何か。	独《どく》ソ不《ふ》可《か》侵条約《しんじょうやく》
□第二次世界大戦《だいにじせかいたいせん》のきっかけとなった，1939年９月にドイツが侵攻《しんこう》した国はどこか。	ポーランド
□ドイツがポーランドに侵攻すると，ただちにドイツに宣戦布告した国はどことどこか。	イギリスとフランス（順不同）
□1940年９月，ドイツ・イタリア・日本が結束を強化するために結んだ同盟は何か。	日《にち》独《どく》伊《い》三国同盟《さんごくどうめい》
□1941年６月，ドイツが不可侵条約を破り侵攻した国はどこか。	ソ連
□1941年８月，アメリカのローズベルト大統領とイギリスのチャーチル首相《しゅしょう》が会談し，戦後の平和構想などを話し合い，発表したものは何か。	大西洋憲章
□第二次世界大戦で，ファシズムのドイツ・イタリアは何と呼ばれたか。	枢軸《すうじく》国
□ドイツがユダヤ人などをとらえ，働かせたり殺害した，アウシュビッツのような施設《しせつ》を何と呼ぶか。	強制収容所
□ドイツの占領《せんりょう》政策に対して，ヨーロッパ各地で起きた，武力などによる抵抗《ていこう》運動をカタカナで何というか。	レジスタンス
□1941年４月，日本がソ連と結んだ条約は何か。	日《にっ》ソ中立条約《ちゅうりつじょうやく》
□日本の指導の下《もと》，欧米《おうべい》の植民地支配を打破し，アジアの民族だけで繁栄《はんえい》しようという主張は何か。	「大東《だいとう》亜《あ》共栄圏《きょうえいけん》」
□1941年４月，近衛《このえ》内閣が戦争をさけるために始めた交渉《こうしょう》の相手国はどこか。	アメリカ
□アメリカ・イギリス・中国・オランダによる日本を経済的に封鎖《ふうさ》した動きを何というか。	「ABCD包囲陣《じん》」

□1941年12月８日，日本海軍が奇襲攻撃《きしゅうこうげき》をしたのは，アメリカのどこか。	ハワイの真珠湾《しんじゅわん》
□1942年６月，日本の攻勢《こうせい》が止まり，戦争が長期化する分岐点《ぶんきてん》となった戦いは何か。	ミッドウェー海戦
□兵員の不足を補うため，文科系の大学生などが軍隊に召集《しょうしゅう》されたことを何というか。	学徒出陣《しゅつじん》
□労働力の不足を補うため，中学生・女学生や未婚《みこん》の女性も軍需《ぐんじゅ》工場で働かせたことを何というか。	勤労動員
□激化する空襲《くうしゅう》への対策として，都市の小学生が農村に集団で移っていったことを何というか。	疎開《そかい》(集団疎開)
□1943年９月に降伏《こうふく》した枢軸国はどこか。	イタリア
□1945年５月に降伏した枢軸国はどこか。	ドイツ
□1944年７月，サイパン島《とう》が陥落《かんらく》して退陣《たいじん》した内閣は何か。	東条《とうじょう》内閣
□1945年３月10日に日本のこの都市から，焼夷弾《しょういだん》による無差別爆撃《ばくげき》が本格的に開始された。この都市への無差別爆撃を何というか。	東京大空襲《とうきょうだいくうしゅう》
□激しい地上戦に巻きこまれるなどして，当時の人口の約４分の１が犠牲《ぎせい》となった県はどこか。	沖縄《おきなわ》県
□1945年７月に発表された，日本に無条件降伏を求める宣言は何か。	ポツダム宣言《せんげん》
□1945年８月６日に原子爆弾《げんしばくだん》(原爆《げんばく》)が投下された都市はどこか。	広島《ひろしま》
□1945年８月９日に原爆が投下された都市はどこか。	長崎《ながさき》
□1945年８月８日，日本との中立条約を破り宣戦布告した国はどこか。	ソ連
□日本が無条件降伏したことを，8月15日に，ラジオ放送(玉音《ぎょくおん》放送)で国民に知らせたのはだれか。	昭和《しょうわ》天皇

得点アップ ◉定期テスト対策問題①◉

1 右の年表を見て，次の問いに答えなさい。

年	主な出来事
1882	ドイツ，オーストリアにイタリアが加わり ① が結ばれる
	オスマン帝国《ていこく》の衰退《すいたい》→a バルカン半島で，スラブ民族の独立運動が盛《さか》んになる
1907	② が成立する
1914	③ が始まる
1915	日本は中国に ④ を示し，大部分を強引に認めさせる
1917	⑤ が起こる
1918	⑤ への b 干渉《かんしょう》戦争が起こる
1919	③ の c 講和会議が始まる
	朝鮮で， ⑥ が起こる
	d インドで，イギリスへの抵抗運動が始まる
	中国で， ⑦ が起こる
	⑧ を制定する
1920	⑨ が発足《ほっそく》する
1921	⑩ が開かれる→海軍の軍備制限など
1922	⑪（ソ連《れん》）が成立する

(1) 年表中の ① に当てはまる同盟は何か答えなさい。
（ 三国同盟《さんごくどうめい》 ）

(2) 年表中の下線部aについて，当時のバルカン半島は何と呼ばれていたか答えなさい。
（ ヨーロッパの火薬庫《かやくこ》 ）

(3) 年表中の ② に当てはまる協商は何かを答えなさい。
（ 三国協商《さんごくきょうしょう》 ）

(4) 年表中の ③ に当てはまる戦争名を答えなさい。
（ 第一《だいいち》次《じ》世界《せかい》大戦《たいせん》 ）

(5) 年表中の ④ に当てはまることがらを答えなさい。
（ 二十一《にじゅういっ》か条《じょう》の要求《ようきゅう》 ）

(6) 年表中の ⑤ に当てはまる革命名を答えなさい。
（ ロシア革命 ）

(7) 年表中の下線部bについて，この軍事行動を何というか答えなさい。
（ シベリア出兵 ）

(8) 年表中の下線部cについて，この講和会議で結ばれた条約を何というか答えなさい。
（ ベルサイユ条約 ）

(9) 年表中の ⑥ に当てはまる，朝鮮《ちょうせん》の独立を求めた運動を答えなさい。
（ 三《さん》・一《いち》独立運動 ）

(10) 年表中の下線部dについて，インドで，非暴力・不服従の抵抗《ていこう》運動を

指導した人物名を答えなさい。 （ ガンディー ）

(11) 年表中の ⑦ は，中国《ちゅうごく》で起きた抗日《こうにち》運動から帝国《ていこく》主義に反対する運動に広がった。これを何というか答えなさい。 （ 五《ご》・四《し》運動 ）

(12) 年表中の ⑧ は，ドイツで制定された憲法である。この憲法名を答えなさい。 （ ワイマール憲法 ）

(13) 年表中の ⑨ は，アメリカのウィルソン大統領の提案を基《もと》にした国際機関である。この国際機関名を答えなさい。 （ 国際連盟《こくさいれんめい》 ）

(14) 年表中の ⑩ に当てはまる会議名を答えなさい。 （ ワシントン会議 ）

(15) 年表中の ⑪ に当てはまる国名を答えなさい。

（ ソビエト社会主義共和国連邦《しゃかいしゅぎきょうわこくれんぽう》 ）

2 右の年表を見て，次の問いに答えなさい。

年	主な出来事
1912	第一次 a 護憲運動が起こる
	吉野作造《よしのさくぞう》が ① を主張する
1918	② が起こる
	② で寺内《てらうち》内閣が退陣《たいじん》， ③ が成立する
1922	京都《きょうと》で ④ が結成される
1925	加藤《かとう》内閣により b 普通選挙法が成立する
	⑤ が成立する

(1) 年表中の下線部 a について，この運動は，何をたおし，憲法に基《もと》づく政治を守ろうとしたのか答えなさい。 （ 藩閥《はんばつ》 ）

(2) 年表中の ① に当てはまる言葉を答えなさい。 （ 民本主義《みんぽんしゅぎ》 ）

(3) シベリア出兵を見こし米の買いしめが行われたために，年表中の ② が起こった。何と呼ばれる事件か答えなさい。 （ 米騒動《こめそうどう》 ）

(4) 年表中の ③ に当てはまる内閣名を答えなさい。 （ 原敬《はらたかし》内閣 ）

(5) 部落差別に苦しむ被差別《ひさべつ》部落の人々が，年表中の ④ の団体を結成した。この団体名を答えなさい。 （ 全国水平社《ぜんこくすいへいしゃ》 ）

(6) 年表中の下線部 b について，この普通選挙法《ふつうせんきょほう》で選挙権があたえられた人の性別と年齢《ねんれい》を答えなさい。性別（ 男子 ） 年齢（ 満25歳《さい》以上 ）

(7) 年表中の ⑤ に当てはまる法律名を答えなさい。 （ 治安維持法《ちあんいじほう》 ）

得点アップ ◉定期テスト対策問題②◉

❶ 右の年表を見て，次の問いに答えなさい。

年	主な出来事
1927	中国《ちゅうごく》で，a南京《ナンキン》に国民政府ができる
1930	① と呼ばれる深刻な不況《ふきょう》が発生する
1931	② が起こる
1932	③ の建国を宣言する
	犬養毅首相《いぬかいつよししゅしょう》を暗殺した ④ が起こる
1933	日本，b国際連盟を脱退する
1936	陸軍の青年将校による ⑤ が起こる
	ドイツと， ⑥ を結ぶ
	中国で，c共産党と国民党が内戦を停止する
1937	⑦ が始まる
1938	近衛文麿《このえふみまろ》内閣の下《もと》， ⑧ が制定される
1940	政党は解散し， ⑨ が結成される

(1) 年表中の下線部aについて，この政府を指導していた人物名を答えなさい。（ 蔣介石《しょうかいせき》《チャンチェシー》 ）

(2) 年表中の ① に当てはまる名称《めいしょう》を答えなさい。（ 昭和恐慌《しょうわきょうこう》 ）

(3) 年表中の ② は，柳条《りゅうじょう》《リウティアオ》湖《こ》《フー》事件がきっかけで起きた戦争である。この戦争名を答えなさい。（ 満州事変《まんしゅうじへん》 ）

(4) 年表中の ③ に当てはまる国名を答えなさい。（ 満州国《まんしゅうこく》 ）

(5) 年表中の ④ に当てはまる事件名を答えなさい。（ 五《ご》・一五《いちご》事件 ）

(6) 年表中の下線部bについて，日本が国際連盟を脱退《だったい》したのは，ある調査団の報告に基《もと》づき， ③ などが認められなかったからである。この調査団名を答えなさい。（ リットン調査団 ）

(7) 年表中の ⑤ に当てはまる事件名を答えなさい。（ 二《に》・二六《にろく》事件 ）

(8) 年表中の ⑥ に当てはまる協定名を答えなさい。（ 日独《にちどく》防共協定 ）

(9) 年表中の下線部cについて，この当時の共産党を指導していた人物名を答えなさい。（ 毛沢東《もうたくとう》《マオツォトン》 ）

(10) 年表中の ⑦ は，盧溝橋《ろこうきょう》《ルーコウチアオ》事件がきっかけで起きた戦争である。当てはまる戦争名を答えなさい。（ 日中戦争 ）

(11) 年表中の ⑧ に当てはまる法律名を答えなさい。（ 国家総動員法《こっかそうどういんほう》 ）

(12) 年表中の ⑨ に当てはまる組織名を答えなさい。（ 大政翼賛会《たいせいよくさんかい》 ）

2 右の年表を見て，次の問いに答えなさい。

年	主な出来事
1938	ドイツ，[①]を併合《へいごう》する
1939	ドイツ，[②]西部を併合する
	ドイツ，ソ連と[③]を結ぶ
	ドイツ，[④]に侵攻する
	a第二次世界大戦《だいにじせかいたいせん》が始まる
1940	日本，b東南アジアへの南進を始める
	ドイツ，イタリアは，日本と[⑤]を結ぶ
1941	日本，北方の安全のため，[⑥]を結ぶ
	ドイツ，[③]を破り，[⑦]に侵攻する
	c太平洋戦争が始まる
1945	[⑧]から，無差別爆撃《ばくげき》が本格化する
	日本，[⑨]を受諾《じゅだく》，無条件降伏《こうふく》をする

(1) 年表中の[①]，[②]に当てはまる国名を，次のア～エから一つずつ選び，記号で答えなさい。

ア オーストリア

イ オランダ

ウ チェコスロバキア

エ ノルウェー

①（ ア ） ②（ ウ ）

(2) 年表中の[③]に当てはまる条約名を答えなさい。

（ 独《どく》ソ不可侵《ふかしん》条約 ）

(3) 年表中の[④]に当てはまる国名を答えなさい。 （ ポーランド ）

(4) 年表中の下線部aについて，ドイツが[④]に侵攻《しんこう》したことに対して，ヨーロッパの２か国が宣戦布告をした。その国名を答えなさい。

（ イギリス ），（ フランス ）

(5) 年表中の下線部bについて，日本は，援蒋《えんしょう》ルートを断《た》ち切ることと，もう一つは資源を獲得《かくとく》することを目的に南進を始めた。どんな資源を獲得するためか，二つ答えなさい。（ 石油 ），（ ゴム ）

(6) 年表中の[⑤]に当てはまる条約名を答えなさい。（ 日独伊三国同盟《にちどくいさんごくどうめい》 ）

(7) 年表中の[⑥]に当てはまる条約名を答えなさい。 （ 日《にっ》ソ中立《ちゅうりつ》条約 ）

(8) 年表中の[⑦]に当てはまる国名を答えなさい。 （ ソ連《れん》 ）

(9) 年表中の下線部cについて，日本はハワイのどこを奇襲攻撃《きしゅうこうげき》し，イギリス領のどこに上陸したのか答えなさい。

ハワイ（ 真珠湾《しんじゅわん》 ） 上陸（ マレー半島 ）

(10) 年表中の[⑧]に当てはまる空襲《くうしゅう》名を答えなさい。 （ 東京大空襲《とうきょうだいくうしゅう》 ）

(11) 年表中の[⑨]に当てはまる宣言名を答えなさい。 （ ポツダム宣言《せんげん》 ）

1 戦後日本の出発

教科書　p.252～p.255

要点整理

1 占領《せんりょう》下の日本

①敗戦後の日本

・戦後の日本の領土…北海道・本州・四国・九州とその周辺の島々に限られる→全ての植民地を失う

・沖縄《おきなわ》，奄美《あまみ》群島，小笠原《おがさわら》諸島→アメリカ軍が直接統治

・北方領土《ほっぽうりょうど》→ソ連が不法に占拠《せんきょ》

・シベリア抑留《よくりゅう》，中国残留日本人孤児《こじ》などの問題が発生

②国民の苦難

・空襲《くうしゅう》の打撃《だげき》→鉱工業生産は日中戦争直前の３分の１以下，物価の急上昇《じょうしょう》

・家を失い，失業，食料不足→都市の住民は買い出しや闇市《やみいち》で飢《う》えをしのぐ

③占領の始まりと非軍事化

・アメリカ軍を主力とする連合国軍が日本を占領→マッカーサーを最高司令官とする連合国軍最高司令官総司令部（GHQ）が間接統治

・GHQの占領政策の基本方針：非軍事化…軍隊の解散，戦争犯罪人（戦犯《せんぱん》）と見なした軍や政府などの指導者を極東《きょくとう》国際軍事裁判（東京裁判）にかける→戦争中に重要な地位にあった人々を公職追放

・1946年，昭和《しょうわ》天皇の「人間宣言」：天皇が神であるという考え方を否定

2 民主化と日本国憲法

①民主化

・GHQの占領政策の基本方針は民主化→日本政府も積極的に取り組む

・政治面：治安維持《いじ》法の廃止《はいし》，政治活動の自由，選挙権が満20歳《さい》以上の男女にあたえられた

超重要　新憲法の基本原理：国民主権《こくみんしゅけん》，基本的人権《きほんてきじんけん》の尊重《そんちょう》，平和主義《へいわしゅぎ》

でる!

❶GHQの日本の非軍事化と民主化の政策を覚えておこう。❷「サンフランシスコ平和条約《へいわじょうやく》」はよく出る用語だよ。❸日本国憲法の基本原理と天皇の地位と役割をおさえておこう。

・経済面：日本経済を支配した財閥《ざいばつ》の解体(財閥解体)，労働組合法・労働基準法，農地改革(小作地を地主から政府が強制的に買い上げ→自作農)

②日本国憲法の制定

・民主化の中心は憲法改正：GHQが指示→政府案は大日本帝国《ていこく》憲法の手直し→GHQが草案を提示→日本政府が草案を受け入れ改正案をまとめる→帝国議会の審議《しんぎ》・修正を経て日本国憲法が誕生

・日本国憲法：1946年11月3日公布，1947年5月3日施行《しこう》

　・基本原理：国民主権，基本的人権の尊重，平和主義

　・天皇：国と国民統合の象徴《しょうちょう》→統治権を失う

　・国会と内閣：国会は国権の最高機関，内閣が国会に責任を負う議院内閣制

・新しい法律：憲法制定→民法の改正(男女平等に基づく新たな家族制度)，民主主義教育の基本を示す教育基本法が制定→教育勅語《ちょくご》は失効

③政党政治と社会運動の復活

・政党：日本社会党(社会党)，日本自由党の結成，日本共産党の再建

・労働組合法制定→国民生活の悪化→労働組合が多く組織→賃金引き上げなど要求

・1946年，メーデーが11年ぶりに復活

・部落解放運動の再建，北海道アイヌ協会も新たに結成

関連用語

北方領土《ほっぽうりょうど》　日本が降伏《こうふく》した後にソ連が不法に占拠《せんきょ》した歯舞《はぼまい》群島，色丹島《しこたんとう》，国後島《くなしりとう》，択捉島《えとろふとう》の総称《そうしょう》である。

新民法と男女平等　1948年施行の民法では，戸主《こしゅ》を中心とする男性優位の家制度から男女平等の家族制度へ，結婚《けっこん》も戸主の同意が必要から両性の合意のみで成立と変わってきた。

教育基本法　男女共学や義務教育(小学校6年，中学校3年)，高等学校3年，大学4年の学校制度ができた。

要点チェック

□敗戦後の日本の領土は何に基《もと》づいて決定されたか。	ポツダム宣言
□沖縄《おきなわ》，奄美《あまみ》群島，小笠原《おがさわら》諸島を直接統治することになったのはどこの国の軍か。	アメリカ軍
□北方領土《ほっぽうりょうど》を不法に占拠《せんきょ》した国はどこか。	ソ連《れん》
□日本の敗戦後，占領《せんりょう》地から軍人や民間人が引きあげてきたが，中国に残された子どもたちを何と呼んだか。	中国残留日本人孤児《こじ》
□戦後の食料不足が深刻な状況で非合法の市《いち》があったが，それを何というか。	闇市《やみいち》
□連合国軍最高司令官総司令部の英語の略称《りゃくしょう》は何か。	GHQ
□連合国軍最高司令官総司令部の最高司令官はだれか。	マッカーサー
□戦争犯罪人(戦犯《せんぱん》)と見なした軍や政府の指導者を裁いた裁判とは何か。	極東《きょくとう》国際軍事裁判(東京裁判)
□1946年，天皇が神であるという考え方を否定した昭《しょう》和《わ》天皇の宣言とは何か。	「人間宣言」
□連合国の占領政策の基本方針は，非軍事化と何か。	民主化
□戦前に共産主義などを取りしまるための治安維持法《ちあんいじほう》が新憲法のもとで廃止された。それは何が認められたからか。	政治活動の自由
□戦後の民主化で，選挙権はどのような国民にあたえられたか。	満20歳《さい》以上の男女
□それまで日本経済を支配してきて，戦後に解体されたものは何か。	財閥《ざいばつ》
□労働者の団結権を認めた法律を何というか。	労働組合法
□労働者の労働条件の最低基準を定めた法律を何というか。	労働基準法

□小作地を国が強制的に地主から買い上げ，小作人に安く売りわたすことによって自作農を生み出した改革とは何か。	農地改革《のうちかいかく》
□日本国憲法が施行《しこう》されたのは，何年の何月何日か。	1947年５月３日
□大日本帝国《ていこく》憲法では，主権はだれにあったか。	天皇
□大日本帝国憲法では国会は衆議院と何という議院で構成されていたか。	貴族院
□日本国憲法の三つの基本原理は，国民主権，基本的人権の尊重とあと一つは何か。	平和主義
□憲法で，天皇の地位は，国と国民統合の何と定められているか。	象徴《しょうちょう》
□日本国憲法で，「おかすことのできない，永久の権利」として認められたのは何か。	基本的人権
□日本国憲法で国権の最高機関とされたのはどこか。	国会
□内閣が国会に対して責任を負う制度を何というか。	議院内閣制
□家族制度，相続，結婚《けっこん》などについて定めた法律を何というか。	民法
□新しい民法では，結婚の成立をどのように定めてあるか。	両性の合意のみで成立する
□戦前にあったもので，忠君愛国《ちゅうくんあいこく》の道徳が教育の柱とされ，国民の精神的なよりどころとされていたものは何か。	教育勅語《ちょくご》
□小学校６年，中学校３年の学校制度を何というか。	義務教育
□憲法の制定にともない，民主主義の教育の基本を示す法律は何か。	教育基本法《きょういくきほんほう》
□日本国憲法の下《もと》，民主化に向けた動きの中で，政治の中心を担《にな》った政治団体を何というか。	政党
□1946年に復活し，飢《う》えと貧しさからの解放などを訴《うった》えた労働者の行動を何というか。	メーデー

2 冷戦と日本の発展

教科書　p.256～p.265

要点整理

1 冷戦の開始と植民地の解放

①国際連合と冷戦の始まり

・国際連合(国連)：連合国の二度の世界大戦への反省から1945年10月発足《ほっそく》

・国際連盟と国際連合の比較(右表参照)：国際連合の特色は，常任理事国と制裁措置にある

	国際連盟	国際連合
発足《ほっそく》年	1920年	1945年
本部所在地	ジュネーブ(スイス)	ニューヨーク(アメリカ)
常任理事国(発足時)	英・仏・日・伊《い》 ＊アメリカは不参加。	米・英・仏・ソ・中
表決	全会一致《いっち》制	多数決制
制裁措置《そち》	経済制裁	経済制裁と国連軍による武力制裁

・安全保障理事会：世界平和と安全を維持《いじ》する機関…アメリカ・イギリス・フランス・ソ連・中国が常任理事国

・アメリカを中心とする資本主義の西側陣営《じんえい》と，ソ連を中心とする共産主義の東側陣営の対立

・軍事同盟：西側は北大西洋条約機構(NATO《ナトー》)，東側はワルシャワ条約機構

・ドイツは，1949年に東西に分かれて独立

・冷《つめ》たい戦争《せんそう》(冷戦)：両陣営の対立は世界大戦が発生しそうなほど激しかった

・米《べい》ソ両国の核《かく》兵器をふくむ軍備拡張競争→冷戦下で核戦争の脅威《きょうい》にさらされた

②新中国の成立と朝鮮《ちょうせん》戦争

・冷戦：東アジアに影響→中国ではアメリカ支援(国民党)，ソ連が支援(共産党)の対立で内戦が再発→共産党が勝利

・中華《ちゅうか》人民共和国(中国)：1949年に成立，主席に毛沢東《もうたくとう》《マオツォトン》→蒋介石《しょうかいせき》《チャンチェシー》が率いる

超重要 サンフランシスコ平和条約で独立回復，日米安保条約で西側の一員

でる！

❶国際連合結成と資本主義の西側，共産主義の東側の東西対立は重要だよ。❷中華人民共和国の誕生，南北朝鮮の対立はおさえておこう。❸サンフランシスコ平和条約と日米安保条約はよく出る用語だよ。

国民党は台湾《たいわん》へ

・朝鮮：南に**大韓民国《だいかんみんこく》**（**韓国《かんこく》**），北に**朝鮮民主主義人民共和国**（**北朝鮮**）成立

・**朝鮮戦争**：1950年，北朝鮮が南北統一を目指し韓国に侵攻《しんこう》して開始

・アメリカ中心の国連軍が韓国支援，中国の義勇軍が北朝鮮を支援→長期化→1953年に休戦

・休戦：1953年の休戦後も，南北の対立は続き，いまだ終戦していない

③植民地支配の終わり

・アジア：1949年までにインドネシア・フィリピン・インドなどが独立

・アフリカ：1960年に17か国が独立（「アフリカの年」）→発展途《と》上《じょう》国と先進工業国との経済格差＝**南北問題《なんぼくもんだい》**が残った

2 独立の回復と55年体制

①占領《せんりょう》政策の転換《てんかん》

・朝鮮戦争（1950年）→アメリカ軍が軍需《ぐんじゅ》物資を日本で調達→日本経済は好《こう》況《きょう》（**特需《とくじゅ》景気**）

・GHQの指令で，1950年に警察予備隊を作る→1954年，**自衛隊**になる

②平和条約と安保《あんぽ》条約

・1951年，**吉田茂《よしだしげる》**内閣が**サンフランシスコ平和条約**を結ぶ→1952年に独立の回復→沖縄《おきなわ》や小笠原《おがさわら》諸島はアメリカが統治

・**日米安全保障条約**（**日米安保《あんぽ》条約**）→独立回復後もアメリカ軍基地が残る

③自民党長期政権と安保条約改定

・1954年，アメリカの水爆《すいばく》実験で第五福竜丸《ふくりゅうまる》が被《ひ》ばく

・1955年，自由民主党（自民党）結成。野党第一党の社会党と対立しながら38年間政権を続ける（**55年体制**）

・1960年，岸信介《きしのぶすけ》内閣の新しい日米安保条約締結に対し，激しい反対運動

(安保闘争《あんぽとうそう》)が起こる

3 緊張緩和《きんちょうかんわ》と日本外交

①緊張緩和の進展

- 1955年，アジア・アフリカ会議がインドネシアのバンドンで開かれる：平和共存を訴《うった》え，緊張緩和をうながす
- キューバ危機→1962年にキューバでのミサイル基地建設で米《べい》ソ間の緊張が高まったが，核《かく》戦争手前で解決→緊張緩和が本格化
- ベトナム戦争：アメリカ本格介入《かいにゅう》→反戦運動の高まり→アメリカ軍撤兵《てっぺい》

②広がる日本の外交関係

- 1956年，日ソ共同宣言：鳩山一郎《はとやまいちろう》内閣がソ連と国交回復→国連加盟へ
- 1965年，日韓《にっかん》基本条約：韓国を朝鮮《ちょうせん》半島の唯一《ゆいいつ》の政府として承認《しょうにん》
- 1972年，田中角栄《たなかかくえい》内閣が日中共同声明で中国と国交正常化→1978年，日中平和友好条約を結ぶ

③沖縄《おきなわ》の日本復帰

- 1972年，佐藤栄作《さとうえいさく》内閣で沖縄が日本に復帰→アメリカ軍基地は縮小《しゅくしょう》なし
- 非核《ひかく》三原則：核兵器を「持たず，作らず，持ちこませず」が国の方針に

4 日本の高度経済成長

①高度経済成長

- 高度経済成長：1955年から73年までの間，年平均で10％程度の成長→池《いけ》田勇人《だはやと》内閣「所得倍増」をかかげる
- 技術革新が進む→重化学工業が産業の主軸《しゅじく》に
- エネルギー源：石炭から石油へ→太平洋や瀬戸内海《せとないかい》沿岸に製鉄所や石油化学コンビナート建設
- 1968年，日本の国民総生産(GNP)が，アメリカに次ぐ第２位となる

②国民生活の変化と公害

- 高度経済成長→「三種の神器」と呼ばれた家庭電化製品，自動車が普及《ふきゅう》
- 1964年，新幹線や高速道路の開通，東京オリンピック・パラリンピック開催《かいさい》

・公害問題《こうがいもんだい》：四大公害（新潟水俣《にいがたみなまた》病・四日市《よっかいち》ぜんそく・イタイイタイ病・水俣病）の発生で公害問題深刻化→公害裁判で企業《きぎょう》に勝訴《しょうそ》→1967年，公害対策基本法制定→1971年，環境《かんきょう》庁（現在の環境省）設置

③経済大国日本

・第四次中東《ちゅうとう》戦争（1973年）→石油危機《せきゆきき》（オイル・ショック）→石油価格が大《おお》幅上昇《はばじょうしょう》→高度経済成長の終わり

・日本の貿易：自動車や電気機器などの輸出がのび，貿易黒字が増える→アメリカなどとの貿易摩擦《まさつ》が深刻化

5 マスメディアと現代の文化

①戦後の文化とマスメディア

・言論の自由の回復→新聞・雑誌の復刊・創刊→月刊の総合雑誌が知識層に影響《えいきょう》をあたえる

・映画：大衆娯楽《ごらく》として，人気を集める→黒澤明監督《くろさわあきらかんとく》などが世界的な評価

②テレビと高度経済成長期の文化

・1953年，テレビ放送の開始→高度経済成長期はコマーシャルで購買《こうばい》意欲

・テレビ：家庭団らんの中心→スポーツや芸能などの娯楽を楽しむ→プロ野球の長嶋茂雄《ながしましげお》や王貞治《おうさだはる》などのヒーローの誕生→全国の人々が同じ情報を同時に得る→生活水準向上→高校・大学への進学率上昇《じょうしょう》→「中流意識」

③漫画《まんが》・アニメと文学の発展

・漫画・アニメ：手塚治虫《てづかおさむ》→テレビアニメ「鉄腕《てつわん》アトム」が放送

・文学：松本清張《まつもとせいちょう》の推理小説，司馬遼太郎《しばりょうたろう》の歴史小説が人気に

　・ノーベル賞作家の川端康成《かわばたやすなり》，大江健三郎《おおえけんざぶろう》など

関連用語

南北問題　先進工業国と発展途上《とじょう》国との経済格差。先進工業国はヨーロッパ諸国やアメリカ，日本など北に多く，発展途上国はアフリカなど南に多いことからこう呼ばれる。

アジア・アフリカ会議　1955年にインドネシアのバンドンで行われた。西側陣営《じんえい》にも東側陣営にも属さない立場をつらぬこうとした。

佐藤栄作《さとうえいさく》　1965年沖縄の日本復帰を実現した首相。「非核《ひかく》三原則」を唱え1974年にノーベル平和賞を受賞。

要点チェック

□1945年10月に，二度の世界大戦への反省から創られた機関は何か。	国際連合（国連）
□世界平和と安全を維持《いじ》するために設けられた国連の機関は何か。	安全保障理事会
□アメリカを中心とする西側陣営《じんえい》とソ連が率いる東側陣営との間の対立を何と呼ぶか。	冷たい戦争（冷戦）
□1949年に，西側陣営が作った軍事同盟の英語の略称《りゃくしょう》は何か。	NATO《ナトー》
□1955年に，東側陣営が作った軍事同盟を何というか。	ワルシャワ条約機構
□1950年に，北朝鮮《きたちょうせん》が武力による統一を目指し，韓国《かんこく》に侵攻《しんこう》した戦争は何か。	朝鮮戦争
□1960年は，アフリカで多くの植民地が独立したことから特に何と呼ばれたか。	アフリカの年
□植民地支配が終わったが，発展途上《とじょう》国と先進工業国との経済格差の問題が残っている。この問題を何というか。	南北問題
□朝鮮戦争の軍需《ぐんじゅ》物資をアメリカ軍が日本で調達したことで生まれた，日本経済の好況《こうきょう》を何と呼ぶか。	特需《とくじゅ》景気
□朝鮮戦争に在日アメリカ軍が出兵することを契機《けいき》に国内の治安維持《いじ》を目的として作られたのは何か。	警察予備隊
□自衛隊が作られたのは何年か。	1954年
□1951年にアメリカで結ばれた，日本の独立を回復させた条約は何か。	サンフランシスコ平和条約
□1951年，平和条約と同時に，アメリカとの間で結ばれた条約は何か。	日米安全保障条約（日米安保《あんぽ》条約）

□1951年にアメリカで条約を結んだときの首相はだれか。	吉田茂《よしだしげる》
□日本が独立を回復した後，沖縄《おきなわ》や小笠原《おがさわら》諸島はどこの国の統治下に置かれたか。	アメリカ
□原水爆《げんすいばく》禁止運動が全国に広がるきっかけとなったのは，アメリカの水素爆弾《ばくだん》の実験によって船が被《ひ》ばくした事件である。この船の名称《めいしょう》は何か。	第五福竜丸《ふくりゅうまる》
□1955年に自由民主党が結成されて以降，38年間政権をとり続けた体制を何と呼ぶか。	55年体制
□1960年の日米安保条約を改訂するときの首相はだれか。	岸信介《きしのぶすけ》
□1960年の日米安保条約改定時には激しい反対運動が起きた。それを何と呼ぶか。	安保闘争《あんぽとうそう》
□西ヨーロッパ諸国が1967年に設立した，経済統合を目的とした組織の英語の略称は何か。	EC
□ベトナム戦争において，北ベトナムはどこの国の支援を受けてアメリカと戦ったか。	中国とソ連
□1956年，日本がソ連との国交を回復した宣言は何か。	日ソ共同宣言
□韓国を朝鮮半島の唯一《ゆいいつ》の政府と認めた条約は何か。	日韓《にっかん》基本条約
□日本と中国との国交を正常化した声明は何か。	日中共同声明
□核《かく》兵器を「持たず，作らず，持ちこませず」という原則を何というか。	非核《ひかく》三原則
□日本経済は，1955年から73年までの間，年平均で10％程度の成長を続けた。このことを何と呼ぶか。	高度経済成長
□高度経済成長期に，大気汚染《おせん》や水質汚濁《おだく》などの問題が深刻化した。これらの問題を何というか。	公害問題
□第四次中東《ちゅうとう》戦争をきっかけに石油価格が大幅《おおはば》に上昇《じょうしょう》したことを何と呼ぶか。	石油危機(オイル・ショック)

3 新たな時代の日本と世界

教科書　p.266〜p.277

要点整理

1 冷戦後の国際社会

①冷戦の終結

・ソ連《れん》のゴルバチョフ政権：西側陣営《じんえい》との関係改善，共産党の独裁体制や計画経済の見直し

・東ヨーロッパ諸国：民主化運動高まる→次々に共産党政権が崩壊《ほうかい》(1989年)

・1989年，ベルリンの壁《かべ》の取りこわし

・**冷戦の終結**：アメリカ(ブッシュ大統領)とソ連(ゴルバチョフ共産党書記長)が地中海のマルタ島で会談し冷戦の終結を宣言

・**東西ドイツの統一**：1990年に統一実現

・**ソ連の解体**：1991年，ソ連がロシア連邦《れんぽう》やウクライナなどに分かれた→アメリカが唯一《ゆいいつ》の軍事超大国《ちょうたいこく》に

②国際協調への動き

・国連：ほぼ全世界を代表する国際機関としての役割が高まる

・**主要国首脳会議(サミット)**：日米など８か国が参加(Ｇ８《エイト》)と，Ｇ20《トゥエンティ》サミット

・**ヨーロッパ連合《れんごう》(EU)**：1993年にECから発展→東ヨーロッパ諸国へ拡大

　・2020年，イギリスEU離脱《りだつ》

・**アジア太平洋経済協力会議(APEC《エイペック》)**など…ゆるやかな地域協力の枠組《わくぐ》み

③相次ぐ地域紛争《ふんそう》

・民族・宗教・文化のちがいや国家間の対立→各地で**地域紛争**(ユーゴスラビア紛争など)が起こっている

・焦点の一つは中東《ちゅうとう》：1991年の湾岸《わんがん》戦争→アメリカのアフガニスタン攻撃《こうげき》，2001年アメリカで**同時多発テロ**，2003年イラク戦争

超重要　ベルリンの壁の崩壊→冷戦の終結宣言→東西ドイツの統一→ソ連の解体

でる!

❶冷戦の終結の過程をおさえておこう。❷「平和維持活動(PKO)」はよく出る用語だよ。❸グローバル化の中での日本の役割は大事だよ。❹日本で起こった二つの大震災《しんさい》から見えた課題をまとめておこう。

・地域紛争の解決→国連の**平和維持《いじ》活動**(PKO)の役割，民間の**非政府組織**(NGO)の活躍《かつやく》

2 冷戦後の日本

①冷戦後の日本外交

・日本の国連を通じた国際貢献《こうけん》：1992年，国連の平和維持活動(PKO)に初めて自衛隊の部隊を派遣《はけん》

・冷戦にともなう分断状況《じょうきょう》が残る東アジア→韓国《かんこく》と北朝鮮《きたちょうせん》，中国と台湾《たいわん》

・北朝鮮との関係：**拉致《らち》問題**を抱えている

・アメリカとの同盟の強化→日米安保《あんぽ》条約→アメリカの軍事行動への協力などをめぐる日本国内の意見の対立

②55年体制の終わり

・1993年，細川護熙《ほそかわもりひろ》を首相《しゅしょう》とする非自民連立内閣成立→55年体制の終わり

・以後，自民党がさまざまな政党と連立政権を作る→2009年，民主党などへの政権交代→2012年，再び自民党が連立政権を作る

③バブル経済崩壊《ほうかい》後の経済

・**バブル経済**：投機により株式と土地の価格が異常に高騰《こうとう》する不健全な好《こう》況《きょう》が発生→1991年に崩壊→長期の平成不況《ふきょう》

・2008年の**世界金融《きんゆう》危機**→再び深刻《しんこく》な不況へ

・政府は規制緩和《かんわ》や国営事業の民営化などの構造改革→景気回復→財政赤字や格差が拡大

3 持続可能な社会に向けて

①進展するグローバル化

・世界の一体化(**グローバル化**)の進行：国境をこえた経済活動が活発化，情報はインターネットを通じて瞬時《しゅんじ》に伝わる

・**地球温暖化**《ちきゅうおんだんか》対策…温室効果ガスの排出削減《はいしゅつさくげん》→1997年に京都《きょうと》議定書の採択《さいたく》
→2015年にパリ協定合意
・日本の役割：国際貢献《こうけん》，核《かく》兵器の廃絶《はいぜつ》など軍縮への取り組み

②日本社会が直面する課題

・**阪神**《はんしん》**・淡路**《あわじ》**大震災**《しんさい》：1995年1月，兵庫県南部で発生したマグニチュード7.3の大地震→防災教育，ボランティア活動の重要性明らかに→1998年，特定非営利活動促進法（NPO法）制定→多くの**非営利組織（NPO）**が活動
・**東日本大震災**：2011年3月，宮城《みやぎ》県沖で発生したマグニチュード9.0の大地震→福島第一原子力発電所事故発生→大津波《おおつなみ》も発生→再生可能エネルギー（太陽光・風力・地熱《ちねつ》など）の導入と普及《ふきゅう》が進められた
・経済格差，都市と地方の格差，**少子高齢**《こうれい》**化**など→地方創生，非正規雇用《こよう》の待遇《たいぐう》改善，保育所整備，男女共同参画《さんかく》などの施策《しさく》→十分な成果があがらず

③持続可能な社会

・2015年の国連サミットで**持続可能な開発目標（SDGs）**《エスディージーズ》採択される→2030年までの達成目標17（貧困《ひんこん》の撲滅《ぼくめつ》，男女平等など）がかかげられた

もっと歴史　日本のエネルギーのこれまで　教科書 p.272～273

①明治維新《いしん》**からエネルギー革命へ／②石油危機と原子力**

・明治時代初め→西洋の先進技術導入で近代的なエネルギー産業が始まる
・20世紀：ガス・電気・石油の利用高まる
・石炭産業→第二次世界大戦後，石炭増産が最優先→経済復興を支える
・水力発電：1950年代半ば，水力発電用巨大ダムの建設が始まる（佐久間《さくま》ダム・黒部《くろべ》ダムなど）→戦後復興期の電力不足をまかなう
・石油危機（オイル・ショック）：第4次中東《ちゅうとう》戦争がきっかけ→石油価格の高騰《こうとう》→省エネルギー，新エネルギー（天然ガス，原子力）が注目される
・原子力発電：1966年，日本初の東海《とうかい》発電所が運転開始→1974年，原子力発電を促進《そくしん》する電源三法《でんげんさんぽう》制定→2011年，東日本大震災の原子力発電所事故で原子力の安全性に対する信頼《しんらい》が大きく損《そこ》なわれた

③地球温暖化と再生可能エネルギー

・1980年代半ば，地球温暖化が世界的に知られた→1997年の京都議定書，2015年のパリ協定で温室効果ガス排出削減の国際的取り決め

・再生可能エネルギーに注目→太陽光・地熱・風力・バイオマスなど

もっと歴史　震災の記憶を語りつぐ　教科書 p.274～275

①「稲《いな》むらの火」

・1854年，安政東海地震《あんせいとうかいじしん》発生→紀伊国有田《きいのくにありだ》郡広村《ひろむら》(和歌山県)の濱口梧陵《はまぐちごりょう》が稲のわら束に火をつけて村人に津波を知らせ，高台への避難《ひなん》をさせたもの→「稲《いな》むらの火の館《やかた》(濱口梧陵記念館・津波防災センター)」

②「此処《ここ》より下に家を建てるな」

・岩手県三陸《さんりく》地方→津波被害《ひがい》の体験から石碑《せきひ》に書かれたもの

③東日本大震災の記憶を伝える取り組み

・岩手県・宮城県・福島県・茨城県などの被災地《ひさいち》では，震災の記憶を語りつぐ取り組みが続けられている

地域の歴史を調べよう⑥　広島の復興と平和への思い　教科書 p.276～277

・**旧日本銀行広島支店，広島平和記念資料館，シュモーハウス**などでの調査で，被爆《ひばく》地広島の復興の取り組みと平和への思いを知りさらに**将来の広島の構想**について話し合い，調査・考察した内容を発表した

・**シュモーハウス**：海外からの支援の一つで，アメリカ人のフロイド・シュモーが原爆投下に心を痛め，家を失った人々のために家を建てる活動として建設された「広島の家」

・海外支援《しえん》：赤十字国際委員会による医療《いりょう》支援など

関連用語

ベルリンの壁《かべ》　1961年，東ドイツは，東ドイツの領域内にあったベルリンの西側陣営《じんえい》が管理する区域(西ベルリン)を囲む壁を築き，市民が自由に行き来できないようにした。以来，ベルリンの壁は東西対立，冷戦《れいせん》の象《しょう》徴《ちょう》とされてきた。

グローバル化　企業《きぎょう》の経済活動や情報化社会がグローバル化をおし進める一方で，一つの基準で価値が判断されたり評価されることに反対する主張も現れている。

要点チェック

□1980年代，西側陣営《じんえい》との関係改善や計画経済の見直しを進め，ソ連の政治と経済の立て直しを図《はか》ろうとした，ソ連共産党の書記長はだれか。	ゴルバチョフ
□ベルリン市内を分断し，東西対立の象徴《しょうちょう》とされてきたものは何か。	ベルリンの壁《かべ》
□1989年の米《べい》ソ首脳によるマルタ会談で，何の終結を宣言したか。	冷戦
□1990年に，東西二つに分かれていた国が統一されたのはどこか。	ドイツ
□ソ連が解体したため，世界規模で軍事行動が行える唯一《ゆいいつ》の超大国《ちょうたいこく》となったのはどこか。	アメリカ
□冷戦終結後の国際社会において，ほぼ全世界を代表する役割が高まった国際機関は何か。	国際連合(国連)
□1975年から始まった日本やアメリカ・イギリス・フランスなど主要8か国の代表が参加して，毎年開かれている国際会議は何か。	主要国首脳会議(サミット)
□経済や政治の地域統合を進めているECから発展したヨーロッパの組織とは何か。	ヨーロッパ連合(EU)
□1989年に発足《ほっそく》したアジアをはじめ太平洋を囲む諸国が加盟し，地域協力をゆるやかな枠組《わくぐ》みの中で進めている組織とは何か。	アジア太平洋経済協力会議(APEC《エイペック》)
□旧ユーゴスラビアの内戦をはじめとする民族，宗教，文化のちがいや国家間の対立などが原因で起こる，局地的な争いを何と呼ぶか。	地域紛争《ふんそう》
□イラクがクウェートに侵攻《しんこう》したことがきっかけで，1991年に起こった戦争は何か。	湾岸《わんがん》戦争

□2001年，同時多発テロを受けたことを理由にアメリカが攻撃《こうげき》した国はどこか。	アフガニスタン
□2003年，「大量破壊《はかい》兵器保有の疑い」を口実に，アメリカが攻撃した国はどこか。	イラク
□地域紛争の解決にあたる国連の平和維持《いじ》活動の英語の略称《りゃくしょう》は何か。	PKO
□民間の団体である非政府組織の英語の略称は何か。	NGO
□1992年，日本が初めて国連のPKOに参加し，自衛隊の部隊が派遣《はけん》された国はどこか。	カンボジア
□1993年に成立し，55年体制を終わらせた非自民連立内閣の首相《しゅしょう》はだれか。	細川護熙《ほそかわもりひろ》
□投機により株式や土地の価格が異常に高くなる不健全な好況《こうきょう》を何経済というか。	バブル経済
□バブル経済の崩壊《ほうかい》後におちいった不況《ふきょう》を何と呼ぶか。	平成不況
□国境をこえた経済活動，情報化によってもたらされる世界の一体化を何と呼ぶか。	グローバル化
□地球温暖化《ちきゅうおんだんか》を進行させるとして，排出削減《はいしゅつさくげん》が課題となっている二酸化炭素などのガスを何と呼ぶか。	温室効果ガス
□地球温暖化を防ぐために，1997年に日本で開かれた国際会議で採択《さいたく》された文書は何か。	京都議定書
□1995年に起きた阪神《はんしん》・淡路《あわじ》大震災《しんさい》を契機に活動が活発化した非営利組織の英語の略称は何か。	NPO
□将来の世代に地球を引きつぐためには，地球環境《かんきょう》の保全と節度ある開発を両立させた社会を築かなければならないという。そこではどのような社会の実現が求められているか。	持続可能な社会
□子どもの人口が減少する一方で，人口にしめる高齢《こうれい》者の割合が高くなった社会を何と呼ぶか。	少子高齢《こうれい》社会

得点アップ ◉定期テスト対策問題◉

❶ 右の年表を見て，次の問いに答えなさい。

年	主な出来事
1945	日本，aポツダム宣言を受け入れ，降《こう》伏《ふく》する
	連合国が ① を創る
1946	日本， ② が公布される
1947	③ がイギリスから独立する
1949	b北大西洋条約機構が発足する
	中国《ちゅうごく》で， ④ が成立する
1950	c朝鮮《ちょうせん》戦争が起こる
1951	日本は，48か国と ⑤ を結ぶ
	日本はアメリカと， ⑥ を結ぶ
1954	保安隊が， ⑦ となる。
1955	バンドンで， ⑧ が行われる
1956	日本，ソ連《れん》との間で ⑨ を調印する
1965	日本，韓国《かんこく》と ⑩ を結ぶ
1972	⑪ が日本に復帰する
	⑫ で，中国との国交を回復する
1973	第四次中東《ちゅうとう》戦争により， ⑬ が起こる

(1) 年表中の下線部aについて，日本の植民地はどうなったのか答えなさい。
(日本の支配から解放された)

(2) 年表中の ① に当てはまる国際機関を答えなさい。
(国際連合(国連))

(3) 年表中の ② に当てはまる憲法を答えなさい。
(日本国憲法)

(4) 年表中の ③ に当てはまる国名を，次のア～ウから選び，記号で答えなさい。(ア)

ア インド

イ インドネシア

ウ ベトナム

(5) 年表中の下線部bについて，北大西洋条約機構は西側陣営《じんえい》か，それとも東側陣営か答えなさい。 (西側陣営)

(6) 年表中の ④ に当てはまる国名を答えなさい。 (中華《ちゅうか》人民共和国)

(7) 年表中の下線部cについて，この戦争の軍需《ぐんじゅ》物資の調達による日本経済の好況《こうきょう》を何というか答えなさい。 (特需《とくじゅ》景気)

(8) 年表中の ⑤ に当てはまる条約名を答えなさい。
(サンフランシスコ平和条約)

(9) 年表中の ⑥ に当てはまる条約名を答えなさい。
(日米安全保障条約(日米安保《あんぽ》条約))

⑽　年表中の ⑦ に当てはまる名称《めいしょう》を答えなさい。　（　自衛隊　）

⑾　年表中の ⑧ に当てはまる会議名を答えなさい。

（　アジア・アフリカ会議　）

⑿　年表中の ⑨ に当てはまる宣言を答えなさい。　（　日ソ共同宣言　）

⒀　年表中の ⑩ に当てはまる条約を答えなさい。　（　日韓《にっかん》基本条約　）

⒁　年表中の ⑪ に当てはまる地域を答えなさい。　（　沖縄《おきなわ》　）

⒂　年表中の ⑫ に当てはまる声明を答えなさい。　（　日中共同声明　）

⒃　年表中の ⑬ に当てはまる言葉を答えなさい。

（　石油危機（オイル・ショック）　）

2　右の年表を見て，次の問いに答えなさい。

年	主な出来事
1989	a 冷戦《れいせん》の終結《しゅうけつ》が宣言される
1991	日本で不健全な ① が崩壊《ほうかい》する
	② が解体する
1992	国連の ③ に日本が初めて参加する
1997	b 北海道旧土人保護法が廃止される
2001	同時多発テロを受けたアメリカが ④ を攻撃《こうげき》する
2011	⑤ で，東北《とうほく》地方を中心に大きな被害が出る

⑴　年表中の下線部aについて，この宣言はどことどこの国の首脳により出されたか答えなさい。

（　アメリカ　）

（　ソ連　）

⑵　年表中の ① に当てはまる経済に関係する言葉を答えなさい。（　バブル経済　）

⑶　年表中の ② に当てはまる国名を答えなさい。　（　ソ連　）

⑷　年表中の ③ に当てはまる活動名を英語の略称《りゃくしょう》で答えなさい。

（　PKO　）

⑸　年表中の下線部bについて，この北海道旧土人《どじん》保護法が廃止《はいし》され，新たに制定された法律名を答えなさい。　（　アイヌ文化振興《しんこう》法　）

⑹　年表中の ④ に当てはまる国名を答えなさい。　（　アフガニスタン　）

⑺　年表中の ⑤ に当てはまる深刻な被害《ひがい》をもたらした震災《しんさい》名を答えなさい。　（　東日本大震災《しんさい》　）

3 **右のグラフは，日本の人口の移り変わりを表したものです。図を見て，次の問いに答えなさい。**

⑴　このグラフから，日本の社会の構造が見えてきます。0～14歳の人口割合が少なく，65歳以上の人口割合が大きい状況を何といいますか。

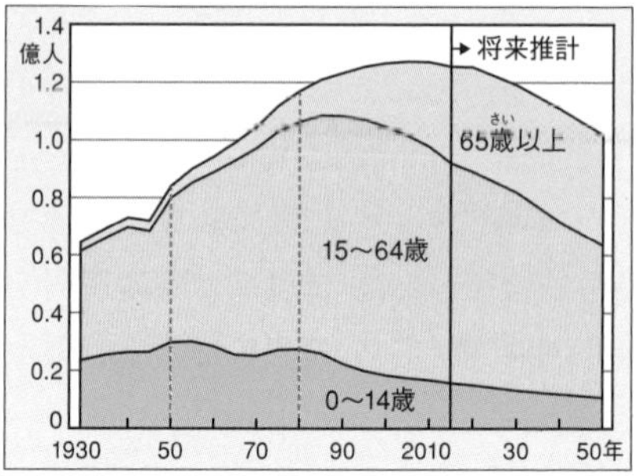

（　少子高齢《こうれい》化　）

⑵　このような人口構成で起こる社会問題として適切なものを次の中から**三つ**選びなさい。　（　イ・エ・オ　）

ア　15～64歳の労働力人口が増え，企業活動が活発になる。

イ　高齢者が増えることで，社会保障の費用が増大する。

ウ　子どもの数が少ないことで，保育所の待機児童がほぼなくなった。

エ　15～64歳の労働力人口が減少し，企業の生産力が低下するおそれがある。

オ　子どもの数が減少するとともに，高齢者の死亡数も増加することから，将来の人口は減少する。

⑶　人口構成がグラフのようになり，外国からの労働者受け入れ，国境をこえた経済活動や人的交流が盛んになり，また国家間の情報のやりとりなどが活発化することを何といいますか。　（　グローバル化　）

⑷　⑶で答えたことに関連して，環境問題や資源エネルギー問題などは一国だけでは解決できない状況にあります。その中で，温室効果ガスがもたらしている現象を何といいますか。　（　地球温暖化　）

⑸　温室効果ガスとして代表的なものを答えなさい。　（　二酸化炭素　）